AF289519

Martina Herbig

Bewusst gehen

Bibliografische Information der Deutschen Nationalbibliothek:
Die Deutsche Nationalbibliothek verzeichnet diese Publikation in der Deutschen Nationalbibliografie; detaillierte bibliografische Daten sind im Internet über http://dnb.dnb.de abrufbar.

Illustration: Paul Herbig

Herstellung und Verlag:
BoD – Books on Demand, Norderstedt
ISBN 978-3-7583-7086-1

Einleitung

Vor sechs Jahren hatte ich einen blutigen Schlaganfall. Das heißt: in meinem Kopf platzte ein Aneurysma, infolgedessen kam es zu einer Hirnblutung.

Ich war linksseitig gelähmt, war im Rollstuhl und ständig auf Hilfe angewiesen.

Mein Heilweg begann. Ich wollte unbedingt wieder laufen. Zwei verschiedene Reha-Kliniken brachten keinen Erfolg.

Mit meiner Physiotherapeutin konnte ich erreichen, dass ich nach fünf Jahren im Wasser wieder gehen konnte. Das hat mir gezeigt, dass mein Körper noch gehen kann.

Doch auf der Erde, im Leben, kann ich nicht gehen. Ausgerechnet als ich nicht mehr gehen konnte, begann für mich die Zeit bewusster „zu gehen"!

Mit dem Schlaganfall begann mein Weg der Heilung und ich wünschte, er endet mit dem Gehen.

Doch meine Seele hat einen anderen Plan:

Meine Seele wollte sich entfalten, die Gottesgeschenke, meine Talente leben und meine Aufgabe war es, das entsprechende Selbst für meine Seele zu kreieren. Darum ging es auf meinen Heilweg!

Ich bin „Selbstgeworden" im Rollstuhl, auch wenn ich nicht gehen kann!

Trotzdem habe ich weiter das Ziel, wieder zu laufen.

Bewusst leben

Ich lebe jetzt bewusster, als vor meinem Schlaganfall. Ich nehme bewusst wahr, was ich fühle. Ich nehme bewusst wahr, was gut für mich ist, oder was es nicht ist. Da ich bewusster wahrnehme, kann ich nun auch:

Bewusst entscheiden

„Wir müssen die Frau aus dem Rollstuhl kriegen! Und das schaffen wir!", sagte die Chefin meiner Ergotherapie. Die Ergotherapie war spezialisiert auf Behandlung nach Schlaganfällen. Forced use hieß die Therapie. Mir wurde immer mehr bewusst, dass nur meine linke Seite wichtig war. Unter mein rechtes Bein wurde zum Schluss ein dickes Brett gelegt, damit ich das linke Bein belaste. Ich hatte Sorge, dass ich dadurch eine Schiefstellung im Becken bekomme und infolgedessen einen Schaden an der Hüfte. Ich äußerte meine Einwände. Daraufhin sagte die Ergotherapeutin: „Du bist jetzt ruhig! Wir sind die Therapeuten!" Da wurde mir bewusst, dass ich hier nicht mehr richtig bin.
Ich erzählte meinem Neurologen von den fragwürdigen Behandlungen.
Mein Neurologe hatte zum Glück eine Alternative und gab mir die Adresse einer anderen Ergotherapie. Ganz bewusst entschied ich mich, dem Neuen eine Chance zu geben.

Bewegt leben

Inzwischen hatte ich eine Behandlung in der neuen Ergotherapie.

Ich musste nicht steif stehen.

Meine neue Ergotherapeutin stand hinter mir, während ich auf einer Behandlungsliege saß. Meine Ergotherapeutin umfasste meinen Körper und forderte mich zur Bewegung auf. Dabei fühlte sie, was meinem Körper möglich ist und was nicht.

Ich bewege mich unter Anleitung und Schutz der Therapeutin. Die Bewegung tut gut. Mir wird bewusst: Hier bin ich richtig!

Ich darf hier bewegt leben. Es geht um Bewegung und nicht um steifes Stehen!

„Stehen kommt vor dem Gehen", sagte meine frühere Ergotherapeutin oft. Wobei ich das Gefühl hatte, in der Therapie stehen zu bleiben und nicht weiterzukommen!

Jetzt bin ich in einer bewegten Therapie gelandet. Hier bin ich richtig!

Sonnenengel

Erzengel Michael ist der Sonnenengel, der uns das Christuslicht bringt.

Hans Stolp bezeichnet Erzengel Michael als den Engel des Werdens.

In der Kunsttherapie ist die Farbe gelb Thema. Meine Kunsttherapeutin und ich tragen beide ein gelbes Shirt.

Ich dachte im Stillen, ich darf eine Sonnenblume malen.

Nein! Auf eine große Leinwand male ich unter Anleitung den Sonnenengel: Erzengel Michael!

In den Händen hält der Sonnenengel eine rote Rose. Sie gilt als Zeichen, dass Michael alle erblühende Liebe empor trägt. Dazu las mir meine Kunsttherapeutin ein Kapitel aus Hans Stolps Buch: „ Michael- Erzengel der neuen Zeit" vor. So kann der große Sonnenengel auf mich wirken. Die Leinwand hängt in meinem Flur. Ständig darf ich das Kunstwerk betrachten!

Gottes Hilfe ist immer gegenwärtig

Es ist Samstag. Ich möchte gern in unsere Kirche zur Abendandacht!

Ich sitze mit meinem Mann unter dem Dach unserer Terrasse zum Nachmittagskaffee. Plötzlich kommt ein Gewitter. Es schüttet wie aus Eimern. So kann ich nicht zur Andacht, im Rollstuhl! Als die Zeit heran war, und wir los müssten, hörte es schlagartig auf zu regnen und wir fuhren zur Andacht.

Ich sitze in der Andacht und mir ist bewusst, warum ich so gern in diese Andacht wollte. Das Thema lautet, dass alle Zeit in Gottes Händen liegt! Mein derzeitiges Thema. Alles liegt in Gottes Händen. Und dort kann ich es getrost lassen. Selbstwerden war für meine Seele der Plan! Darum ging es auf meinem Heilweg! Es ging um viel mehr, als nur zu gehen, um zu funktionieren. Dafür hätte ich keinen Heilweg gebraucht! Funktioniert habe ich vor dem Schlaganfall! Der Heilweg diente dem Selbstwerden!

Mit Homöopathie zurück zur göttlichen Seele

Ich telefoniere mit meiner Berufskollegin. Wir kennen uns schon seit der Heilpraktikerausbildung, die wir gemeinsam absolvierten. „Dieses Jahr haben wir Silberhochzeit", sagte meine Kollegin. Wir kennen uns schon 25 Jahre. Beide sind wir begeisterte Homöopathinnen. Ich erzähle meiner Kollegin, dass ich im Wasser gehen kann und von meiner Angst, einen Schritt auf der Erde zu wagen. Meine Kollegin schlägt mir vor, die Arznei Aqua amniota zu nehmen. Das ist eine homöopathische Nosode aus dem Fruchtwasser.

Ich nehme die Arznei. Mir wird bewusst, dass Gott meine Seele in Liebe erschuf. Meine ursprüngliche göttliche Seele kennt keine Angst.

Ich male ein Bild:

Ein blaues Ei, eingehüllt, oben sonnengelbes Licht, unten braune Erde. Seitlich violette Flügel und Magenta als göttliche Farbe.

In der Mitte des blauen Eises steht ein kleiner silberner Punkt für meine Seele. Von diesem silbernen Punkt ausgehend, male ich eine linksdrehende Spirale bis in die Mitte. Dort setze ich einen goldenen Punkt für meine ursprüngliche Seele, wie sie Gott geschaffen hat. Einfach in Liebe. Alle Ängste kamen erst im Leben durch den Verstand! Die Seele ist frei von Ängsten. Die Seele ist reines göttliches Licht! Im Fruchtwasser durfte ich mit der rückwärts drehenden Spirale zurück zu meiner göttlichen Seele! Rückverbindung zum Licht! Religion heißt Rückverbindung!

Die göttliche Seele ist frei von Angst! Angst kommt von der Instanz in uns, die nicht glauben kann: unser Egoverstand!

Aqua amniota wirkt in mir. Ich fühle mich frei von Angst. Ich fühle meine lichtvolle, göttliche Seele! In Gott getragen.

Getragen, wie ein Embryo im Fruchtwasser der Gebärmutter. Der Embryo kennt keine Angst! Angst kommt erst später, wenn unser Verstand erwacht und uns erwachsene Verstände Ängste einreden, weil sie selbst Angst haben.

Unsere ursprüngliche, lichtige Seele, wie sie von Gott erschaffen wurde, ist reine Liebe!

Das ist das Lichtkind in uns.

Jedes Jahr, am Heiligabend, wenn wir in die Krippe des Jesuskindes schauen, sehen wir ein Lichtkind. Dann dürfen wir auch unser Lichtkind in uns entdecken.

Man könnte meinen, der Heiligabend ist im Laufe der Zeit zum Abend der Kinder geworden. Kinder sitzen unterm Weihnachtsbaum und packen Geschenke aus. Viele wissen gar nicht, was wir am Heiligabend feiern.

Wir feiern die Geburt von Gottes Sohn, Jesus Christus. Wir feiern die Geburt des Lichtkindes!

Heiligabend an der Krippe stehend, dürfen wir uns auch an unser Lichtkind erinnern! Wir sind alle Gottes Kinder! Wir sind alle göttliche Seelen, um als Mensch ein göttliches Selbst zu kreieren! Wir sind alle göttliche Seelen, unschuldig und angstfrei! Wir sind göttliche Seelen, in Licht und Liebe.

Diese Seelen wollen sich in uns entfalten und als Mensch entfalten wir aus ihnen unser Selbst!
Selbst aus Licht und Liebe sind wir uns bewusst, wer wir sind!
Wessen Geistes Kind wir sind!
Ich bin ein göttliches Kind in Licht und Liebe! Und aus dem möchte ich mich:

Dem Licht zuwenden

Mein sonnengelber Erzengel Michael auf meiner riesigen Leinwand im Flur! „Gelb ist die Farbe der Weisheit", las mir meine Kunsttherapeutin vor. Der Weise wendet sich dem Licht zu.
Ich vermutete, wir malen in der Kunsttherapie eine Sonnenblume. Doch ich malte Michael, den Sonnenengel. Michael bringt uns Christus, beschreibt Hans Stolp. Michael bringt uns die Weisheit.
Ich denke an Sonnenblumen. Sie sind die Solarzellen unter den Blumen. Sie drehen sich mit der Sonne, wenden sich ständig dem Licht zu! Sie sind in Bewegung!
Es gibt kein homöopathisches Arzneimittelbild zur Sonnenblume. Ich kreiere selbst eines in mir, durch das, was ich bei der Sonnenblume beobachte.
Daraus entstehen Symptome:
- möchte sich dem Licht zuwenden
- strahlt selbst im Licht (strahlende Blütenblätter)
- ist ständig in Bewegung

Ich finde mich selbst wieder in dem Arzneimittelbild.

Die homöopathische Arznei Helianthus annuus, von der DHU hergestellt. Ich bestelle das Mittel und ich nehme es regelmäßig ein.

Wie die Sonnenblume wende ich mich dem Licht zu. Ich darf selbst im Licht erstrahlen und komme in Bewegung. In meinem Stehtrainer drehe ich meinen Oberkörper sanft, während ich auf meinen Füßen stehe.

Ich fühle, wie sich dabei Blockaden in der Brustwirbelsäule lösen.

Ich male auf eine Leinwand Sonnenblumen. Drei Blumen, zwei sind erblüht, eine in der Mitte ist noch im Werden.

Die Blumen sind im sonnengelben Licht, ein blaues Himmelszelt wölbt sich schützend über die Blüten.

Fest stehen die Stängel der Blumen auf der Erde, von der sie getragen werden.

Die Sonnenblume bewegt sich zum Licht, während dem ihr „Stamm" fest auf der Erde steht.

Unter Wirkung der homöopathischen Arznei der Sonnenblume stehe ich fest in meinem Stehtrainer und bewege meinen Oberkörper und meinen Kopf.

Genießen heißt den Körper von Innen zu streicheln

Heute ist Montag. Das war der Tag, an dem ich immer Termine in meiner alten Ergotherapie hatte. Das ist zum Glück vorbei! Morgen fahre ich wieder zu meiner neuen Ergotherapie, und ich freue mich darauf!

Den heutigen Tag nutzen wir zum Genießen. Wir fahren in die Stadt und essen bei unserem Lieblingsitaliener Eis und trinken Kaffee.

Ich feiere die freie Zeit, die ich nicht mehr in der alten Ergotherapie verbringen muss. Viel Zeit habe ich dort verschwendet und keine brauchbaren Ergebnisse erzielt!

Heute nehme ich mir Zeit zum Genießen.

Genuss ist Therapie! Es fühlt sich an, als würde der Körper von Innen gestreichelt.

Dann kaufe ich mir noch schöne, leichte Schuhe und eine Sonnenblume im Topf.

Zu Hause steht die Sonnenblume nun direkt am Eingang, damit ich sie oft sehe und mich an ihr erfreue.

Dann denke ich an den schönen Nachmittag. Das ist ein kleiner Kurzurlaub, den ich mir gönne. Das habe ich aus meinem Schicksal gelernt: Ich gehe bewusster mit meiner Zeit, mit meinem Leben um! Zeit zum Genießen ist dabei ein wichtiger Punkt geworden. Ich habe erfahren, dass das Leben ganz schnell vorbei sein kann. Deshalb sollte man die Zeit nutzen, die man hat! Ich habe mir selbst versprochen, meine Zeit mir selbst zu schenken! Mein Leben gehört mir, mit der Zeit, die mir Gott geschenkt hat.

Mein Leben bestand hauptsächlich aus Arbeit, bis mich der Schlag traf! Zum Glück schenkte mir Gott weitere Lebenszeit. Diese will ich bewusst leben!

Gedicht: Nutze deine Zeit!

Was nutzt das ganze Streben?
Wenn nichts mehr bleibt vom Leben?
Zeit kann nur Gott uns schenken!
Sie ist kostbar!
Deshalb wäre es schade,
sie nur zu verschwenden!
Nimm das, was dir vom Leben bleibt!
Nutze deine Zeit!

Zeit zu nutzen

Mir wurde durch meinen Schlaganfall bewusst: Wir haben nicht unendlich viel Zeit. Schnell kann das Leben vorbei sein! Als ich halbseitig gelähmt aus dem Koma erwachte, habe ich mir versprochen, bewusster zu leben! Bewusster zu gehen!

Früher wünschte ich mir manchmal, die Norweger Fjorde zu sehen. Meine Podologin war auf einer Kreuzfahrt dort unterwegs. Sie erzählte mir, dass viele Menschen im Rollstuhl oder gehbehindert mit Rollator an Bord waren.

Da dachte ich, dass ist jetzt meine Chance: im Rollstuhl sitzend, bequem auf dem Deck eines Schiffes zu den Fjorden! Mit meinem Sohn sprach ich am Telefon darüber. Kreuzfahrten sind eine extreme Umweltbelastung. Mein Sohn meint, für mich wäre das vertretbar, da ich als Behinderte, im Rollstuhl, diese Möglichkeit zum Reisen zu den Fjorden habe. Somit sei die Umweltsünde zu entschuldigen.

„ Nein", entscheide ich, „ich möchte die Erde so hinterlassen, wie ich sie betreten habe!" Ich möchte

Mutter Erde nicht belasten, um es selbst bequem zu haben! Dann verzichte ich darauf, die Fjorde zu sehen! Damit fühle ich mich besser.

Wir sind nicht auf der Erde, um sie anzusehen und sie zu bereisen!

In der Todesstunde fragt uns keiner: „Was hast du von der Erde gesehen?"

Aber wir werden gefragt: „Was hast du von dir dem Leben geschenkt?"

Ich möchte meine Zeit auf Erden nutzen und:

Bewusster gehen

Vor meinem Schlaganfall bin ich durch mein Leben gerast.

Dann wurde ich ausgebremst und konnte nicht mehr gehen!

Das war notwendig, um bewusstes Gehen zu lernen.

Manchmal beobachte ich meine Schildkröte, wie sie sich langsam, tastend durch ihr Gehege bewegt. Sie fühlt den Boden, bevor sie ihren Panzer weiter schiebt. Als würde sie bewusst gehen.

Wenn ich bewusster gehen möchte, muss ich vorher fühlen, bewusst wahrnehmen, um dann bewusst zu entscheiden, wohin ich mich bewege!

Helianthus annuus wirkt in mir.

Die Sonnenblume bewegt sich zum Licht.

Auch ich bewege mich bewusst zum Licht.

In Bewegung kommen

Helianthus annuus bewegt mich!

Ich bin bei meiner neuen Ergotherapeutin. Unter ihrer Anleitung bewege ich mich.

Ich traue mich, auf der Behandlungsliege, mich zu bewegen, ohne mich gleich festzukrallen! Meine Angst ist verschwunden. Danke Homöopathie.

Mir tut es sehr gut! Auf der Rückfahrt im Auto fühle ich mich wie früher nach einer Yogastunde.

Wie gut, dass ich jetzt bei einer Ergotherapeutin bin, bei der ich mich wohl fühle und die meinem Behandlungsbedarf entspricht.

Ich komme in Bewegung!

Ich muss nicht mehr steif umherstehen, wie es in der alten Ergotherapie war. Das war reine Zeitverschwendung!

Bei meiner jetzigen Ergotherapie fühle ich: Hier bin ich richtig! Das passt zu mir! Und erfüllt meinen Wunsch, wieder in Bewegung zu kommen.

Ich danke für dieses Geschenk!

Auf der Fahrt nach Hause entdecke ich viele Sonnenblumenfelder! Zu Hause vorm Eingang steht meine Sonnenblume, die ich gestern aus der Stadt mitbrachte! Ich nehme gleich dazu Helianthus annuus als homöopathische Arznei. Ich lasse mich bewegen!

Gedicht: Sonnenblume

Sonnenblume,
Du bewegst dich mit dem Licht!
Du bewegst auch mich!
Mir wird bewusst das Licht!
Im Licht fürchte ich mich nicht!
Alles ist sonnenklar!
Im Licht wird alles sichtbar!
Dann sehen wir, was ist wahr!
Sonnenblume,
Du bewegst dich im Licht!
So bewege auch ich mich
im Licht!

Lichtzeichen

Überall begegnen mir Sonnenblumen. Die Sonnenblumenfelder auf dem Weg in meine neue Ergotherapie! Gott sendet mir ein Lichtzeichen: Es ist der richtige Weg, auf dem ich gehe!
Helianthus annuus kam als homöopathisches Mittel zu mir! Obwohl es kein Arzneimittelbild gibt, entwickelte ich selbst eins, aus Beobachtung und Fühlen! Ich nehme bewusst im Leben wahr. Es wird mir das gesandt, was ich brauche! Ich muss nicht in ausgetretenen Wegen herumstolpern, die es schon gibt! Ich nehme bewusst die Lichtzeichen wahr und gehe meine eigenen Wege!

Eigenen Fußabdruck hinterlassen

Wenn unser Leben vorbei ist, sind es unsere Fußabdrücke, die wir auf der Erde hinterlassen! Vor

vielen Jahren schrieb ich ein Gedicht: „Was willst du hinterlassen!" Es ist in meinem Buch:
Martina Herbig „Wolkenbilder" veröffentlicht.
Heute ist mir bewusst:

Gedicht: Und wenn ich gehe,

… dann geh ich bewusst,
dass das, was von mir bleibt,
nach meiner Zeit,
Liebe ist!
Das, was von mir bleibt
nach meiner Zeit,
bestimme ich selbst,
in meiner Zeit!
Und wenn ich gehe,
gehe ich bewusst,
dass das, was von mir bleibt
ein Segen im Leben sei!

Ein Segen sein

Wenn wir in Gottes Segen sind, ist alles gut. Dann sind wir sicher, geschützt und geführt.
Auch andere können für uns ein Segen sein, so wie wir selbst ein Segen für andere sein können.
Wer seinen Segen einem anderen schenkt, ist einverstanden mit ihm.
„Mein liebes Kind, ich segne dich und das was dich führt!" Diesen Segen spreche ich oft für meinen lieben Sohn. Somit gebe ich ihm meinen Segen für seinen Weg. Er muss sich nicht herumdrehen und sich vergewissern, ob es der Mama recht ist. Wie

viele das denken zu müssen. Manch einer lebt noch im hohen Alter im einstigen Elternhaus, auch wenn es viel zu groß geworden ist. Das könnten die Eltern sonst nicht verstehen!? Das zeigt, dass es hier keinen elterlichen Segen gibt.

Der elterliche Segen ist wichtig, damit das Kind seinen eigenen Weg gehen kann. Elterlicher Segen besagt: „Du musst es nicht so machen wie ich! Du darfst es anders machen! Du darfst anders sein!"

Ich denke an meine gestrige Ergotherapie. Da durfte mein behinderter Körper sein. Es musste nichts verändert werden! Wir nehmen das, was ist und schauen, was geht.

Das ist ein Segen für meinen behinderten Körper! In diesem Segen kann er sich entwickeln.

Im Segen nehmen wir das an, was ist und zeigen unseren:

Respekt

In meiner neuen Ergotherapie fühle ich mich sehr wohl. Ich werde respektiert, wie es ist. Keiner verbiegt mich und zwingt mich zu Dingen, die nicht möglich sind.

Es ist gut, so wie es ist! Und wir machen das Beste daraus! In meiner alten Ergotherapie wurde ich gezwungen zu Dingen, die mir nicht entsprachen. Wenn ich Einwände hatte, hieß es: „Du bist ruhig! Wir sind die Therapeuten!"

Da fühlte ich mich nicht respektiert! Ich bin froh, dass ich den Mut hatte und meinem Neurologen von diesen fragwürdigen Behandlungsmethoden zu erzählen. Somit ergab sich für mich dieser Glücksfall meiner neuen Ergotherapie. Meine Krankenschwester vom Pflegedienst fragte mich heute, wie meine neue Ergotherapie sei. „ Ich bin sehr glücklich mit dieser Therapeutin", antwortete ich!

So stelle ich mir Therapie vor: Hier wird etwas für mich getan, und alles wird respektvoll behandelt! Die Therapeutin respektiert, was nicht möglich ist, geht mit den Bewegungen bis an die Grenzen und nicht über die Grenzen.

So kenne ich das aus dem Yoga. Meine Yogalehrerin sagte immer: „Geh bis an deine Grenze, nicht darüber hinaus!" Wenn wir innerhalb unserer Möglichkeiten bleiben, respektieren wir das, was ist! Alles darf sein, wie es ist! Und was sein darf, wandelt sich! Gestern in der Ergotherapie fühlte ich, dass meine Angst weg ist! Ich hatte nicht ständig Angst von der Behandlungsliege zu stürzen, krallte mich nicht laufend fest! Wenn wir annehmen und respektieren, wie es ist, wandelt es sich ganz von allein. Während der vorherigen Behandlung wurden bei manchen Bewegungen meine Muskeln fest. Die Ergotherapeutin sprach es an und wir thematisierten meine Angst. Wir ließen die Angst sein, ohne sie zu bewerten! Was sein darf, kann sich verändern! Und siehe da: Gestern schon war keine Angst mehr da!

„Was man annimmt, wandelt sich", sagte der große Psychoanalytiker Carl Gustav Jung!

Meine Angst durfte sein, wurde nicht bewertet! Und da ist sie von allein gegangen!

Das Dümmste ist, zu sagen: „Du brauchst keine Angst zu haben!" Wenn jemand Angst hat, dann ist diese da! Man kann Angst keinem ausreden! Das ist nicht die geeignete therapeutische Intervention! Wenn etwas da ist, dann ist es!

Annehmen was ist

Wenn wir Angst haben, dann hat das einen Grund und darf angenommen werden!
Unser Verstand möchte alles bewerten! Da ist eben manches gut und anderes schlecht! Unser Verstand geht dann einen Schritt weiter und sucht nach Möglichkeiten, was als schlecht bewertet ist, zu bekämpfen.
Sehen wir die Angst:
Die Angst ist das Gegenteil der Liebe! Im Grunde ist Angst nur eine Form der Liebe!
Im respektvollen Umgang in der Therapie mit meinem behinderten Körper wurde die Angst respektiert. Es wurde angenommen, was ist! Und es ist Liebe! Helianthus annuus: Ich folge dem Licht!
Im Stehtrainer befrage ich mein Runenorakel, welche Rune mich jetzt unterstützen möchte. Ingwaz kommt zu mir. Ingwaz bedeudet:

Urvertrauen

Aqua amniota als homöopathische Arznei hüllte meine Seele ein. Ich komme in Kontakt mit meiner ursprünglichen, göttlichen Seele. Hier ist meine Seele reine Liebe! Sie ist noch vollkommen göttlich! So wie Gott sie erschuf! Angst kam erst später durch den Verstand. Ich malte ein Bild „Zurück zur göttlichen Seele", mit einer linksdrehenden Spirale! Zum göttlichen Ursprung zurück! Hier kennt die Seele keine Angst! Sie ist im Urvertrauen!

Die Rune Ingwaz ist das Urvertrauen, die kosmische Gebärmutter! Als Gott meine Seele erschuf war sie im Urvertrauen.

Ingwaz schenkt uns Urvertrauen. Ingwaz ist eine große Schutzrune! Alles liegt im kosmischen, im göttlichen Schutz!

Meine Ergotherapeutin schenkte mir durch ihre respektvolle Behandlung ein gutes Gefühl. Meine Angst ist verschwunden. Ich fühle Vertrauen!

Alle Ängste, die der Verstand irgendwann, vor diesem Leben, in einem anderen, in diesem Leben, wann auch immer aufgebaut hat, dürfen jetzt für immer gehen! Ich bin im Urvertrauen!

Aus der kosmischen Gebärmutter kommend, stehen wir immer wieder am Anfang - am Ursprung.

Ich nehme abends Aqua amniota. Eingehüllt in der kosmischen Gebärmutter gleite ich gut schlafend durch die Nacht. Am Morgen erwache ich, meine Nase ist einseitig verstopft und ich schwitze. Symptome für Belladonna. Ich nehme die homöopathische Arznei.

Später, vormittags, zeigt mein Körper Symptome für Natrium muriaticum. Mein Konstitutionsmittel! Das bin ich, wie ich bin! Mit Homöopathie gelangte ich zum:

Ursprung der Seele

Am Anfang als Gott meine Seele erschuf, war Licht!
Am Anfang ist Licht! Alles andere kommt erst viel, viel später! Erst im Leben werden wir mit der anderen

Seite des Lichtes, mit der Dunkelheit konfrontiert. Dann dürfen wir uns, wie die Sonnenblume, zum Licht bewegen! Dann dürfen wir Michael, dem Sonnenengel vertrauen, der das, was Liebe ist, zum Licht erhebt.

Michael im strahlenden Sonnengelb, mit der Rose in der Hand, als Zeichen. Der Erzengel holt das, was Liebe ist, zum Licht! Und bringt uns das Christuslicht! Am Anfang war das Licht! In der Bibel steht: „Gott sagt, es werde Licht"

Und alles ist aus Licht!

Gedicht: Denn ich bin aus Gottes Licht!

Gott hat alles aus Licht gemacht!
Hast du darüber schon mal nachgedacht?
Im Licht jede Seele erwacht!
Ursprünglich aus Licht gemacht!
Mit Gott bin ich aufgewacht!
Im finsteren Tal
Fürchte ich mich nicht!
Denn ich bin aus Gottes Licht!

Am Anfang ist Licht

Am Anfang ist Licht.
Unsere Seele ist Licht.
Unser Geist ist Licht.
So inkarnieren Geist und Seele in einen irdischen Körper in das irdische Leben.
Im irdischen Leben gibt es die Polarität. Es gibt Licht und Dunkelheit. Es gibt Liebe und Angst.

Gott hat unserem Geist den freien Willen geschenkt. Mit diesem freien Willen dürfen wir uns entscheiden.
Wir brauchen die Polarität, um Entscheidungen zu treffen.
So entscheiden wir uns zwischen den Polen: Licht und Dunkel, Liebe und Angst!
Die Polarität ist das Geschenk an uns, um unseren freien Willen einzusetzen und zu zeigen, wie bewusst wir sind! Wessen Geistes Kind wir sein wollen, entscheiden wir selbst!

Bewusstseinserhöhung

In spirituellen Kreisen geht es oft um das Thema Bewusstseinserhöhung. Dabei meinen manche, diese kommt von außen zu uns! Dann sind sie enttäuscht, wenn sie durch spirituelle Techniken keinerlei Bewusstseinserhöhung erfahren.
Sie sind enttäuscht, weil sie vorher getäuscht waren.
Denn Verwandlung des Bewusstseins geschieht nicht von Außen, mit uns. Es geschieht von Innen, durch uns!
Unser Bewusstsein erhöht sich nicht, wenn wir in Mallorca auf der Sonnenliege bräunen und warten, dass „die, da oben, etwas in uns erhöhen"!
Unser Bewusstsein erhöht sich, wenn wir unseren Geist zum Licht ausrichten. Unser Bewusstsein erhöht sich, wenn wir uns zu Gott bekennen. Unser Bewusstsein erhöht sich, in der Ausrichtung zum heiligen Geist.
Unser Bewusstsein erhöht sich im ehrlichen Gebet!
Es erhöht sich vor Gottes Angesicht!
Wir können unser Bewusstsein nur selbst erhöhen!

Je nach dem, auf welcher Bewusstseinsebene wir schwingen! Wir haben den freien Willen und entscheiden selbst, wessen Geistes Kind wir sind! Und worauf wir unser Bewusstsein richten und einstellen!

Den Himmel gibt es für die, die sich bewusst auf ihn ausrichten! Ebenso gibt es die Hölle für die, die sich eine ausdenken!

Bewusstseinserhöhung bringt uns keiner von außen!

Bewusstseinserhöhung findet in uns statt!

Und deshalb ist es eine Geisteseinstellung!

Geisteseinstellung

Unser Leben wird so sein, wie unsere Geisteseinstellung ist!

Mit unserer geistigen Einstellung manifestieren wir die Dinge, die in unserem Leben stattfinden.

Für das, was unsere Seele verwirklichen will, brauchen wir unseren Geist, um es zu manifestieren.

Gott zwingt uns zu nichts! Alles wollte unsere Seele! Und dafür gibt uns Gott seinen Segen!

Wir müssen uns nicht beschweren für das, wie es ist! Schließlich haben wir zu allem Ja gesagt!

Mit dem freien Willen bleibt uns immer eine Wahl

Gott hat mich nicht gezwungen, meinen Schlaganfall zu überleben! Gott gab mir für meinen Heilweg seinen Segen!

Es war meine Entscheidung, in diesem Leben einen Weg der Heilung zu gehen! Jetzt gehe ich ihn!

Gedicht: Mit Gott wird alles gut!

Du wolltest diesen Weg gehen!
Um ins Licht wieder aufzuerstehen!
Jetzt findet der Weg statt!
Darum:
Mach jetzt nicht schlapp!
Geh voller Mut!
Mit Gott wird alles gut!

Mit Gott wird alles gut

Gott gab mir den Segen für meinen Weg! Das bedeutet auch, dass Gott mir zutraut, dass ich meinen Weg schaffe, zu gehen. Gottes Segen tröstet mich! Ich bin nicht allein unterwegs! Ich bin gesegnet! Und ich bin mir bewusst: Mit Gott wird alles gut!

In der Kunsttherapie ist heute grün das Thema. Gelbgrün, helles Grün.
Neulich, nach der Abendandacht, sagte ich meiner Kunsttherapeutin, dass mir dazu Psalm 23 einfällt: „...Er weidet mich auf einer grünen Aue...", heißt Gott sorgt für mich! Meine Kunsttherapeutin hat mir ein kleines Heftchen mit dem Psalm 23 mitgebracht.
Dann darf ich in Aquarelltechnik ein Blatt mit gelbgrüner Farbe füllen. Das lassen wir in der Sonne auf der Terrasse trocknen. Dann male ich mit Kreide eine Sonnenblume und daneben einen großen Grashalm. Wie unser Ziergras auf der Terrasse.
Es ist ein bewegliches Bild. Alles ist stabil und doch in Bewegung!

„Gelbgrün ist luftig, Leichtigkeit", liest mir meine Kunsttherapeutin vor. Nach der Therapie nehme ich gleich die Arznei Helianthus annuus. Ich bewege mich anschließend in meinem Stehtrainer und in meinem Rollstuhlfahrrad. Ich sehe das neue Bild direkt von meinem Platz am Küchentisch. So kann es auf mich wirken.

Nayalavee ist mein Seelenname, grün meine Seelenfarbe. Als ich meinen Seelennamen und meine Seelenfarbe geschenkt bekam, malte ich auf eine Leinwand in grün meinen Seelennamen. Das ist jetzt fünf Jahre her. Ich sehe neben meinen Trainingsgeräten mein Bild von damals. Nayalavee schwingt in gelbgrün! Das kann kein Zufall sein. Ich bewege mich freudig und leicht in meinem Stehtrainer!

Mit Gott wird alles gut! „...Er weidet mich auf einer grünen Aue!"

Tanz mit dem Licht

Ich nehme vor der Nacht Helianthus annuus.

„Die Sonnenblume ist stets in Bewegung", sagte gestern meine Kunsttherapeutin.

Ja, die Sonnenblume steht aufrecht und stabil, und sie bewegt sich. Sie bewegt sich mit der Sonne.

Sie tanzt den ganzen Tag, von Sonnenaufgang bis Sonnenuntergang mit der Sonne. Die Sonnenblume tanzt mit der Sonne, mit dem Licht.

Ich erinnere mich an meinen ersten Mann. Wir gingen oft tanzen. Und zu Hause rückten wir manchmal den Tisch beiseite. So wurde unser kleines

Wohnzimmer noch lange kein Tanzsaal. Doch wir tanzten.

Nach der Trennung von meinem ersten Mann gab es keinen Tanz mehr. Mein zweiter Mann wollte nicht tanzen. So gab es keinen Tanz mehr!

Ich liege im Bett, Helianthus annuus wirkt! Es ist, als spricht die Sonnenblume zu mir:

Gedicht: Tanz mit dem Licht

Schau in das Licht!
So bist du nicht
mehr traurig,
dass keiner mit dir tanzt!
Keiner mit dir spricht!
Mach es wie ich!
Tanz mit dem Licht!
Und ist der Himmel voller Wolken!
Lass dich nicht beirren, dem Licht zu folgen!
Es ist nur wolkenbehangen!
Du selbst bist nicht gefangen!
Geh einfach weiter!
Dann wird es wieder heiter!
Das Licht lässt dich nicht
Im Dunkel stehn!
Du wirst sehn!
Tanz mit dem Licht!

Im Licht kommt alles ans Licht

Im Licht können wir nichts mehr verstecken! Alles wird sichtbar im Licht.

Beim Einkaufen im Supermarkt treffe ich die Mutti meiner verstorbenen Freundin Marion. Sie erkennt mich gleich und spricht mich an. Ihre offene, herzliche Art erinnert mich an meine Freundin Marion, die ihrer Mutti sehr ähnlich war.
Die Begegnung hat mich zutiefst berührt.
Der Verlust meiner Freundin Marion arbeitet noch in mir. Die Begegnung mit der Mutti unter Wirkung Helionthus annuus bringt es ans Licht, was da noch in mir ist!
Zu Hause fließen mir die Tränen. Ich möchte nicht darüber sprechen. Mir ist auch bewusst, dass mein Mann das nicht verstehen kann und mir nicht helfen kann!

Was ist, will einfach nur sein dürfen!

Ich nehme das Kummer- und Verlustmittel Natrium muriaticum.
Dann ziehe ich mich nach dem Kaffee auf den Schieber zurück und lasse meine Tränen fließen.
Was ist, will einfach nur sein dürfen!
Ich lasse es sein: die Trauer, die da noch ist! Die Tränen wollen noch geweint werden!
Dann sind sie geweint, und es ist gut! Mir geht es wieder gut!
Gefühle wollen nur gefühlt sein, und dann ist es gut.
Wer mit dem Licht tanzt, muss damit rechnen, dass alles ans Licht kommt!
Und das ist gut, dann haben wir keinen Kloß mehr im Hals, wenn Tränen fließen dürfen! Dann können wir frei atmen, wenn nichts mehr unterdrückt ist!
Das Licht beleuchtet uns in der Tiefe!

Wer mit dem Licht tanzt, kann auch den Schatten sehen!

Mit dem Licht tanzen erfordert Mut, alles von sich zu zeigen!

Der Tanz mit dem Licht ist nichts für Feiglinge!

Abends drängen sich keine Symptome auf. Deshalb nehme ich Helianthus annuus. Ich hatte immer riesiges Urvertrauen und lebte sorglos in den Tag! Nach dem Motto: Alles wird gut!

Nach meiner zweiten Hochzeit wurde ich in eine neue Ahnenlinie eingebunden! In die Ahnenlinie meines Mannes!

Der Ernst des Lebens begann

Plötzlich musste überall aufgepasst werden. Plötzlich gab es Sorgen und bitteren Ernst.

All das, was da plötzlich in meinem Leben war, war nicht ich! Ich war locker und leicht, im Zeichen Zwillinge geboren. Plötzlich war der Zwilling in mir eingesperrt und es gab viele Warnungen! „ Pass nur auf, dass das Kind nicht auf die Straße rennt", warnte mich die Oma meines Mannes. Natürlich sorge ich für mein Kind. Das musste man mir nicht vorwurfsvoll sagen und dunkle Wolken der Angst holen! „Das muss aber laufen, in deiner Praxis! Das Geld für den Kredit kann dein Mann nicht allein verdienen!", warnte mich meine Schwiegermutter zu meiner Praxiseröffnung.

Ja, in dieser Ahnenlinie lernte ich den Ernst des Lebens kennen!

Der Ernst des Lebens, das kommt nicht aus mir. Ich bin Sternzeichen Zwilling. Lustig und sorglos unterwegs! Plötzlich hatte ich es mit pessimistischer Schwere zu tun! Die meinem Naturell so gar nicht entsprach!

Wieder leicht werden

Wochenendfrühstück auf der Terrasse! Ich bin in der Natur, höre die Vögel, atme die frische Luft nach einem angenehmen Sommerregen!
Dann zeigt meine Haut Symptome für Natrium muriaticum. Ich nehme das Loslassmittel. Als ich heiratete, wusste ich noch nicht, dass man sich dadurch auch mit der Ahnenlinie des Partners verbindet. Das erfuhr ich erst später, als ich mich mit spirituellen Themen befasste!
Natrium muriaticum macht mich leichter!
Durch meinen Schlaganfall begann mein Heilweg. Alles darf sich von mir lösen, was mir nicht entspricht! Natrium muriaticum wirkt in mir, und ich bitte Erzengel Michael, mich von dem Falschem zu befreien und mich selbst sein zu lassen!

Und mein neues Werden beginnt! Ich werde wieder leicht und werde:
Martina Nayalavee! Das leichte Wesen, das ich bin!
Ich male die Ingwaz-Rune auf eine Leinwand für meine Runenwand.
Ingwaz begleitet mich zur Zeit! Urvertrauen! Kosmische Gebärmutter!
In die Mitte von Ingwaz male ich eine goldene Lemniskate für meine unendliche Seele. Aus der Lemniskate wächst eine blühende Rose, aus der Rune heraus. Das bedeutet: Aus der kosmischen

Gebärmutter werden wir immer wieder neu geboren und dürfen wachsen. Die Rose ist in ein Herz gehüllt, die Spitze des Herzen liegt im Zentrum der Lemniskate! In Liebe werden! In Liebe gehen!

Als mein Bild fertig ist, klingelt die Post. Meine neuen Globuli Aqua amniota sind angekommen. Das kann kein Zufall sein! Weil es keine Zufälle gibt! Ich nehme gleich ein paar Globuli von Aqua amniota.

Im Fruchtwasser der kosmischen Gebärmutter getragen darf ich aus mir werden!

Alles passt zusammen: Erzengel Michael ist über die sonnengelbe Kunsttherapie zu mir gekommen. Meine Berufskollegin brachte mich auf die homöopathische Arznei Aqua amniota. Mein Runenorakel brachte Ingwaz, das Urvertrauen, die kosmische Gebärmutter! Alles passt zusammen auf meinem Heilweg!

Ich bete:

Gedichtgebet: Mit dem Engel des Werdens werde auch ich!

Gütiger Erzengel des Werdens,
Michael, begleitest Du mich auf Erden!
Mit Dir darf ich werden
Das Wesen,
das ich bin!
Zu mir selbst,
da will ich hin!
Aus meiner Seele in Liebe
Lass mich neu entstehn!
Lass mich bewusst in Liebe gehen!

Michael, mit dir ist es leicht!
Und ich kann werden auf Erden,
in meiner von Gott geschenkten Zeit!
Begleitet vom Erzengel des Werdens,
Michael, fürchte ich nichts,
hier auf Erden!
Du, Sonnenengel, zeigst mir den
Weg ins Licht!
Mit dem Engel des Werdens
Werde auch ich!

Schritt für Schritt geht's weiter

Meine Ingwaz-Rune bekommt ein Himmelszelt, gewölbt, wie ein Schutz. Unterm schützenden Himmel bin ich sicher und geborgen. Gelbgrün ist der Boden, auf dem Ingwaz steht.

Die kosmische Gebärmutter trägt meine ewige Seele geschützt unterm Himmelszelt. Ab und zu gebärt sie ein Stück meiner ewigen Seele ins bewegte Leben, gelbgrün auf meinem Bild.

Ich stehe sicher, geschützt in Ingwaz, in meinem Stehtrainer. Ich beuge mich zur rechten und zur linken Seite und immer wieder in die Mitte zurück. Diese Übung machte ich letztens, auf der Behandlungsliege sitzend, mit meiner neuen Ergotherapeutin.

Nun beuge ich mich im Stehtrainer ganz weit nach rechts und richte mich wieder auf! Es geht! Ganz ohne Angst! Die Homöopathie und die Kunsttherapie zeigen Wirkung!

Schritt für Schritt geht's weiter in die Heilung! Alles wird gut!

Im Stehtrainer befrage ich meine Runen. Othala will mich begleiten. Othala heißt Erbschaft. Othala verbindet uns mit den Ahnen. Das Zeichen für Othala sieht man oft an alten Fachwerkhäusern, wenn man bewusst schaut und die Rune kennt.

In meinem Stehtrainer trete ich bewusst als Martina in meine Ahnenlinie ein und verlasse bewusst die Linie, in die ich geheiratet habe. Bewusst bin ich in meiner Ahnenlinie, aus der ich geboren bin! Ich fühle die Kraft meiner Ahnen im Rücken und danke denen, die mir das Leben schenkten und das ihre mutig gingen.

Auch ich gehe mutig meinen Heilweg für mich und auch meinen Ahnen zur Ehre!

Othala verbindet uns mit dem Körper. Ich atme tief ein und aus. Ich stehe auf meinen Füßen und fühle mich zu Hause, hier, in meinem Körper.

Das Leben fühlen

Auf unserer Abendrunde begleitet uns ein warmer Sommerregen. Mein Mann wollte mir meinen Regenponcho überlegen. Ich sage: „Nein! Ich bin nicht aus Zucker! Ich möchte von den Elementen berührt werden!"

Regentropfen berühren meine Arme, meine Stirn.

Ich atme die frische, saubere Luft!

Das Leben berührt mich gerade! Ich genieße die Berührung!

Ich fühle Leben!

Vor der Nacht nehme ich Aqua amniota und schlafe tief und fest.

Am Morgen fühle ich, dass mein Schlaf erholsam war.

Sonntägliches Frühstück auf der Terrasse, naturnah im Garten. Ich fühle das Leben!

Ich habe mir diesen Platz zum Leben selbst ausgesucht. Das Grundstück haben uns meine Eltern zur Hochzeit geschenkt!
Die Rune Othala begleitet mich zur Zeit!

Ahnenkraft

Othala, die Rune, die uns mit unseren Ahnen verbindet!
Ich danke, mit der Othala-Rune als verstärkende Kraft, meinen Ahnen! Meine Ahnen geben mir Kraft und stärken mich! Ich trage ihre positive Lebenseinstellungen, ihren Optimismus, ihren Humor in meinen Genen! Das erleichtert mir meinen Heilweg!
Auch meine Ahnen hatten Schicksalsjahre, die sie mutig meisterten.

Ahnengeist und Familienseele

Durch die Einstellungen und Sichtweisen der Menschen einer Familie wird ein Spirit, ein Geist geprägt!
Othala: Ich fühle den Familienspirit meiner Herkunftsfamilie, der mich jetzt auf meinem Heilweg unterstützt und über mir schwebt. Es ist ein mutiger, tapferer Spirit! Der Spirit zeigt mir, dass es immer weiter geht!
Der Spirit der Familie prägt die Familienseele!

Othala: Ich bin ein Teil der Familienseele meiner Herkunftsfamilie! In der ich Wertschätzung und Liebe erfuhr und immer noch erfahre! Ich durfte, eingebettet in die Familienseele, selbst werden und in der Seele ein Teil sein!

Othala! Danke für das Geschenk, dass ich mit dieser Herkunftsfamilie erhielt.

Ohne dieses Geschenk könnte ich meinen Heilweg nicht so stark gehen, wie ich ihn gehe! Ich bin, wie ich bin, auch, weil ich Teil dieser Familie sein durfte und darf! Danke!

Ich weiß das zu schätzen und weiß, dass das nicht selbstverständlich ist! Ich habe andere Ahnengeister kennen gelernt! Umso dankbarer bin ich für meine Herkunftsfamilie!

Othala verbindet mich mit meiner Herkunft, meiner Familienseele.

Meine Seele hat sich in diesen Körper und somit in diese Familie inkarniert. Weil ich hier die Bedingungen fand, die mir halfen, meinen Seelenweg zu gehen.

Für viele ist es schwer vorstellbar, aber es ist die Wahrheit:

Der Plan der Seele erschafft das Leben

Unsere Seele möchte bestimmtes entwickeln und von sich entfalten. Dementsprechend wird unsere Seele da inkarnieren, was zum Seelenplan passt!

Das bedeutet: Wir suchen uns unsere Ahnen als Seelen vor diesem Leben aus! Wir suchen uns

Menschen, die mit uns inkarnieren, die uns helfen oder denen wir eine Hilfe sein dürfen.

Zur Geburt hat die Seele bereits die Lebensbedingungen ausgesucht, in der sie sich entwickeln kann.

Ich wollte in diesem Leben heilen. Das ist auch in meinem Geburtshoroskop zu sehen:

Als Aszendent Jungfrau wollte ich heilen. Ich wurde Krankenschwester, Psychologische Beraterin und Heilpraktikerin. In meiner Naturheilpraxis half ich vielen Menschen zu heilen! Nach meinem Schlaganfall im Rollstuhl begriff ich:

Es geht in meinem Leben um mich!

Ich wollte heilen. Nun sitze ich sechs Jahre im Rollstuhl und bin geheilt.

Als Heilpraktikerin war ich erfolgreich und war beliebt. Meine übervollen Terminkalender und Wartelisten sprachen für sich!

Ich glaubte, es sei meine Aufgabe, in diesem Leben, das Heilen.

Dann musste ich einsehen: Lebensaufgabe, das war alles nur Egokram!

Mein Seelenplan kam erst mit dem Schlaganfall vor sechs Jahren zum Zuge! Ich sagte, dass ich heilen wollte. Und das geschieht! Der Schlaganfall war nicht die große Katastrophe!

Der Schlaganfall war der Anfang der Heilung!

Mit dem Beginn einer Krankheit beginnt auch schon die Heilung!

Deshalb sollten wir keine Angst vor Krankheiten haben! Sie sind auch nur Leben!

Krankheiten sind nur ein Teil des Lebens

Krankheiten sind nichts Schlechtes oder Böses.
Krankheiten sind neutral.
Krankheiten sind nur ein Teil vom Leben! Sie kommen, bleiben und gehen!
Sie kommen mit einer Botschaft, die wir annehmen dürfen!
In meinem Kopf ist ein Aneurysma, ein fehl gebildetes Blutgefäß geplatzt.
Mein Herzblut, mein Fühlen, ist in meinen Geist geströmt. Und im Anschluss, im Rollstuhl sitzend, habe ich gelernt, mein Fühlen bewusst wahrzunehmen! Mein Bewusstsein hat sich erweitert! Für mein Fühlen!
Die Krankheit wollte mir nichts Böses!
Die Krankheit schenkte mir die Möglichkeit zu heilen!
Ich darf heilen, mit Gottes Segen! Das heißt auch: Gott traut mir zu, dass ich heile! Das schenkt mir Zuversicht!
Ich denke an meinen lieben Vater, der mit seiner Krebserkrankung Frieden geschlossen hatte! Mein Vater nahm es an, wie es war! Er haderte nicht, jammerte nicht! Er war im Frieden! Mit dem Leben, mit sich, mit Gott! Als er starb, saß ich an seinem Bett, hielt seine Hand. Er starb zu Hause, ich blieb bei ihm.
Nach seinem letzten Atemzug war Frieden im Raum, im Haus! Frieden durchströmte auch mich! Da wusste ich:
Mein lieber Vater ist geheilt gestorben und in die Ewigkeit gegangen.

Mit geheilt behaupte ich nicht, dass sein Tumor im Körper geheilt war!
Seine Seele war geheilt!
Ich denke daran, wie ich mit meinem Schlaganfall im Todesröcheln auf meinem Sofa lag, bis der Notarzt kam!
Ich habe nicht erfasst, was mit mir und um mich geschah.
Aber ich fühlte, was in mir geschah! Ich war im Frieden!
Als ich aus dem Koma erwachte und fühlte, dass ich halbseitig gelähmt war. Ich war im Frieden.
Im Rollstuhl sitzend, auf Hilfe angewiesen. Ich bin im Frieden!
Würde ich nicht im Frieden sein und würde mit meinem Schicksal hadern, wäre auch nichts verändert.
Im Gegenteil:

Frieden schließen erleichtert

Wer im Frieden lebt, lebt leichter!
Wer hingegen hadert und zweifelt, macht es schwer!
Wer sich beschwert, wird schwer!
Meine Seele wollte den Weg der Heilung! Nun darf ich ihn gehen! Ich gehe in Gottes Segen! Es gibt keinen Grund, mich zu beschweren! Ich habe dem Heilweg zugestimmt!
Und Gott traut mir diesen Weg zu! Das gibt mir die Kraft, kein Drama aus meinem Schicksal zu machen! Sondern:
Mit Gott wird der schwere Weg leichter!
Mit Gott werde ich diesen Weg meistern!

Gott sei Dank!
Mein Schicksal ist keine Strafe!
Mein Schicksal ist nicht ungerecht!
Mein Schicksal ist nur eine Herausforderung, die ich meistere, um zu heilen!

Annehmen, wie es ist

Ich nehme diese Herausforderung an!
Damit schließe ich Frieden, wie es ist!
Somit nehme ich dem Schicksal die Schwere und bin erleichtert!
Was schwer ausschaut, wird leicht!
Im Annehmen liegt das Geheimnis verborgen: Im Annehmen wird es leicht!
Aqua amniota wiegt mich sanft durch die Nacht!
Morgens genieße ich das Wasser über meine Haut rieseln unter der Dusche.

Unterwegs zum Licht

Ich sitze auf meiner Bettkante. Meine Krankenschwester kleidet mich an.
Dann nehme ich Helianthus annuus. Wie die Sonnenblume bin auch ich unterwegs zum Licht!
Im Bad putze ich meine Zähne und besprühe mich mit Rosenwasser. Der Duft der Rose hebt meine Energie an!
Vorbei an meinem Bild aus der Kunsttherapie „Der Sonnenengel- Erzengel Michael" fährt mich mein Mann in die Küche.
Michael hält eine Rose in seinen Händen. Michael trägt die Liebe ins Licht. Das Bild im goldgelben

Sonnenlicht belebt und erhellt unseren Flur und erhellt auch mich.
Mit dem Sonnenengel bin ich unterwegs zum Licht!

Gedicht: Ich fürchte mich nicht

Ich fürchte mich nicht!
Bin nur unterwegs zum Licht!
Michael hält, was er verspricht!
Der Sonnenengel zeigt mir den Weg,
wo lang es geht!
Michael bringt mich zum Licht!
Ich fürchte mich nicht!

Furchtlos durchs Leben

Ich sitze seit sechs Jahren im Rollstuhl. Werde ich irgendwann wieder laufen?
Ich fürchte mich nicht! Denn ich bin nicht verlassen. Egal, wie es auch ist. „Von guten Mächten wunderbar geborgen", heißt es in einem bekannten Kirchenlied von Dietrich Bonhoeffer.
Ich gehe durch eine schwere Zeit in meinem Leben, gelähmt im Rollstuhl! Doch diese schwere Zeit ist gleichzeitig die Zeit, in der ich mich am meisten von Gott getragen und geführt fühle.
Ich war noch nie zuvor dem Himmel so nah!
Ich habe früher schon an Gott geglaubt und war spirituell angebunden.
Doch seit dem ich im Rollstuhl sitze, hat sich für mich mein Glaube bestätigt.

Ich war noch nie so nah bei Gott

Nur mit Gott war es mir möglich, diesen Schicksalsweg in meinem Leben in einen Heilweg zu wandeln!

Nur mit Gott war es mir möglich, Heilung zu erfahren!

Ich sitze geheilt im Rollstuhl, mit Gottes Hilfe!

Meine liebe Freundin aus dem Nachbarort besucht mich zum Kaffee. Sie hat ihre Heilpendel mit. Sie pendelt für mich und sagt: „Du bist in einer guten Energie, schwingst auf der Heilungsfrequenz!"

So fühlt sich das für mich auch an.

Meine Freundin bestätigt mir das, was ich fühle.

Behindert, aber geheilt

Ich bin zwar behindert und kann nicht laufen. Doch ich bin geheilt! Und vielleicht bin ich geheilter als manche meiner gehenden Mitmenschen.

Ich habe gelähmt, im Rollstuhl, so viel Heilung erfahren.

Dafür bin ich so dankbar!

Ich gehe, das gebe ich zu, durch die schwerste Zeit meines Lebens! Gleichzeitig gehe ich durch die heilsamste Zeit meines Lebens!

Manch einer wird sagen: „ Wie kann man geheilt sein, obwohl man im Rollstuhl sitzt?"

Darauf gibt es nur eine Antwort:

Heilung heißt nicht, dass der Körper frei von Gebrechen und funktionsfähig ist! Heilung ist mehr, als das, was der Körper zeigt!

Heilung ist der Spirit in uns

Heilung heißt: Ich habe das Göttliche in mir entdeckt!
Heilung heißt: Ich bin in Gottes Händen gehalten!
Mir ist jetzt bewusst, dass geheilt nicht bedeutet, dass mein Körper funktioniert.
Es ist nicht wichtig, laufen zu können! Es ist wichtiger zu lieben!
Es ist wichtig, bewusst zu gehen!
Ich bin im bewussten Spirit unterwegs!
Ich fühle bewusst das Leben!

Bewusst Sein

Wir leben in einer Zeit eines Bewusstseinswandels.
Wir sollten uns weniger auf die Materie orientieren.
Wir dürfen uns auf das Geistige ausrichten.
Wenn wir sterben und in die Ewigkeit gehen, lassen wir voll gestopfte Häuser, Gut und Geld zurück! Unseren Geist nehmen wir mit!
Wäre es nicht wichtiger, sich im Leben mehr auf das Geistige zu konzentrieren! Anstatt Geld und Güter anzuhäufen?
Worauf richten wir unseren Geist? Der Geist erschafft das Leben und bringt uns nach dem Leben in die Ewigkeit!
Den Geist haben wir länger als die materiellen Güter!
Insofern frage ich: Wäre es nicht am wichtigsten sich um seinen Geist zu kümmern, anstatt um Geld und Gut?
Wir sollten bewusst durchs Leben gehen! Bewusst sein, bei dem was ist! Bewusst sein bei dem, was durch uns ist und sein wird!

Wer bewusst im Leben ist, erhöht sein Bewusstsein!
Ich bin bewusst hier!
Bewusst in diesem Körper, in diesem Leben!
Ich bin bewusst auf meinem Weg der Heilung!
Als Behinderte im Rollstuhl lebe ich bewusster!
Das Leben ist wertvoller geworden, nachdem ich sah, wie schnell es vorbei sein kann!
Meine Zeit nutze ich bewusster! Denn auch diese ist begrenzt! Und keiner von uns weiß, wie viel Zeit uns zur Verfügung steht! Deshalb sollten wir bewusst mit unserer Zeit umgehen und sie bewusst nutzen!

Versäumtes können wir nicht nachholen

Es gibt Dinge, die können zu spät sein. Man muss es tun, wenn wir die Chance haben.
Wir ruhen gern in bequemen Bereichen.
Als Behinderte lernte ich, dass es eine Behindertenkomfortzone gibt. Das ist mein zuhause:
Alles ist bequem für mich ausgerichtet! Pflegebett, Schieber, die Dusche kann mit einem Rollstuhl befahren werden. So ist man geneigt, in dieser bequemen Behindertenkomfortzone zu bleiben.
Und immer wenn ich bereit war, meinen Behindertenkomfort zu verlassen, kurzzeitig zu verlassen, habe ich es nicht bereut. Im Gegenteil, ich habe Gutes erlebt, was ich später hätte nicht mehr nachholen können.
So wurde ich Protagonistin im Film meines Sohnes „Die Geschichte vom Machen und dem Meer!"
Dabei erkannte ich, dass es auch als behinderter Mensch möglich ist, zu reisen und am Meer zu sein!
Noch viele Nordseebesuche folgten daraufhin.

Weil ich bereit war, meine Behindertenkomfortzone zu verlassen, besuchte ich meine damals sterbenskranke Freundin Marion im Hospiz. Wir haben uns noch einmal gesehen, unsere Hände gehalten. Marion hat gelächelt. Ein kostbarer Augenblick! Hätte ich ihn damals versäumt, wäre er nie wieder nachzuholen gewesen. Marion ist zwei Wochen nach meinem Besuch verstorben.

Ich habe meine liebe Mutter und später meinen lieben Vater in schwerer Krankheit zu Hause gepflegt und sie auf ihrer letzten Reise begleitet.

Ich war in Liebe für meine Eltern da und hatte kostbare, letzte Augenblicke, die in meiner Erinnerungsschatztruhe Kostbarkeiten meines Lebens sind! Ich möchte es nicht missen!

Zum 25. Geburtstag meines Sohnes verließ ich meine Behindertenkomfortzone. Ich verbrachte schöne Tage mit meinem Sohn.

An seinem Geburtstag führte er uns an eine Steilküste an der Ostsee! Einen Ort, den mein Sohn liebt! Es kostete mich Überwindung meiner Angst, im Elektrorollstuhl die Steilküste hinauf und wieder herunter. Aus Liebe zu meinem Kind schaffte ich es, meine Angst zu überwinden! Und wir erlebten einen sonnigen Tag mit weitem Blick über die Ostsee, auf der Schwäne schwammen.

Mein Sohn wäre traurig gewesen, wenn ich nicht mit zur Steilküste gekommen wäre. So habe ich mich überwunden! Es gab ein glückliches Geburtstagskind und am Ende war auch ich glücklich!

Gut, dass ich das nicht versäumt habe. Es wäre nicht wieder nachzuholen! Mein Sohn wurde nur einmal 25 Jahre! Und ich durfte mit ihm einen wunderschönen Tag verbringen. Ich habe meine Chance genutzt, bin aus meiner Behindertenkomfortzone heraustreten und war eine glückliche Mama zum 25. Geburtstag meines Sohnes! Ich könnte diesen Tag nicht nachholen,
weil es ihn nicht noch einmal geben wird.

Bereit sein, wenn sich eine Chance bietet

Manchmal muss man dafür auch das ein oder andere Opfer bringen oder hin und wieder ein Risiko eingehen!
In meinem Behindertenleben hat sich jedes Opfer gelohnt.
Für mich, als Behinderte, ist es schon ein Opfer, eine längere Autofahrt auf mich zu nehmen, ohne auf Toilette zu können! Gern bin ich dazu bereit, um ein paar Tage an meiner geliebten Nordsee, oder mit meinem lieben Sohn zu verbringen.
Gerade Menschen, die mit einem Handycap leben, neigen dazu, es sich bequem zu machen und sich in ihrem „Leid" einzurichten.
Eine Verwandte verzichtet lieber auf Spaziergänge mit der Familie und fährt nach Hause, um dann einsam in ihrem Haus zu sitzen. Einer ihrer Lieblingssätze ist: „Wenn's die Gesundheit nicht mitmacht!" Dann schaut sie mit zusammengekniffener Miene, als versuche sie krampfhaft, eine Träne herauszupressen.

Zu mir sagte sie einmal: „Wenn du wenigstens nur ne Querschnittslähmung hättest und beide Hände funktionieren würden!" Mit zusammengekniffenem Gesicht saß sie dann da!

Ich möchte nicht entscheiden, was besser ist: Halbseitenlähmung oder querschnittsgelähmt. Ich meine beides stellt seine Herausforderungen an den Betroffenen! Zu meiner Verwandten sagte ich: „Bei dir gibt es nur Elend oder Elend!"

Mit zusammengekniffenem Gesicht wandelt sie durchs finstere Tal und sieht kein Licht!

Da geht es mir besser, obwohl ich seit sechs Jahren als Behinderte im Rollstuhl sitze!

Ich kann meine Situation nicht ändern, aber ich kann entscheiden, wie ich sie annehme!

Aufmerksamkeit lenkt die Energie

Ich gebe meiner Behinderung keine Aufmerksamkeit! Somit bekommt sie keine Energie!

Die Aufmerksamkeit bekommt mein Leben und das, was ich liebe und was mir Freude macht!

Somit führe ich mit meiner Behinderung ein gutes, wertvolles Leben! „Du machst eben das Beste draus!", sagte neulich eine Schwester vom Pflegedienst zu mir.

Ich mache nicht nur das Beste daraus, sondern ich richte meinen Geist auf das Gute!

Ich klebe nicht im Leidkomfort fest! Ich lebe!

Meine Aufmerksamkeit gilt dem Leben!

Homöopathie unterstützt das Leben

Seit zwei Wochen nehme ich jeden Abend vor der Nacht Aqua amiota. Es bindet mich an, an meinen göttlichen Ursprung. Tagsüber nehme ich Helianthus annuus. Es hilft mir, mich zum Licht zu richten. Manchmal, wenn es Symptome meines Körpers verlangen, nehme ich mein Konstitutionsmittel Natrium muriaticum.
Ich fühle die heilende Wirkung der Homöopathie!

Leben bewegt

Heute ist Löweneumond!
Vor längerer Zeit erzählte ich meiner Freundin, wie gut es sich auf meine Nägel auswirkt, wenn ich im Steinbockmond Fußpflege bekomme. „Mir musst du nichts erzählen", sagt meine Freundin, die Astrologin ist. Sie kennt die Kraft des Mondes und sagt:
„Der Mond bewegt ganze Meere, warum nicht auch uns?"
Ja, wir kommen aus dem Wasser. Das Leben begann im Wasser. Und in jedem Leben beginnt es wieder im Fruchtwasser unserer Mutter!
Aqua amiota habe ich als homöopathische Arznei derzeitig für mich auf meinem Heilweg entdeckt.
Ich stehe am Grab meiner Eltern! Durch sie bin auch ich im Leben! Durch sie hat meine Seele ein Zuhause, in meinem Körper bekommen!
Der Löweneumond bewegt mein Herz! Ich stehe am Grab meiner Eltern und sage: „ Danke!"

Manch einer meint, als Behinderter ist man nicht glücklich und dankt nicht für das Leben, weil es kein lebenswertes Leben ist!
Oh, das ist eine große Täuschung!
Jedes Leben ist lebenswert!
Ich sitze am Grab meiner Eltern. Zum Löweneumond!
Danke! Mein Herz ist offen! Offen für das Leben, für die Liebe!
Der Mond bewegt gigantische Meere, in Ebbe und Flut! Der Mond bewegt mein Herz: In Licht und Liebe!
Die Kronen der Lindenbäume schützen mich vor der Sommerhitze, am Grab meiner Eltern.
Ich bin hier im Frieden- auf dem Friedhof! Alles ist gut, wie es ist!
Ich bin bewegt! Ich bin in Liebe!
Ist das nicht viel wertvoller, als einfach nur laufend durchs Leben zu stolpern?
Mein Körper kann sich nicht bewegen!
Aber das Leben bewegt meine Seele und meinen Geist!
Neumond im Löwen- die Liebe!

Die Liebe ist die höchste Energie

Die höchste Energie, die es gibt, ist die Liebe!
Liebe, die keine Bedingungen stellt! Nur diese Liebe ist wahre Liebe!
Menschen verknüpfen Liebe mit Bedingungen, z.B.:
- Ich liebe dich, weil ich dich brauche!
- Ich liebe dich, weil du so schön bist!
- Ich liebe dich, weil du so gut kochen kannst!

Erst, wenn Liebe kein „weil" mehr hat, ist sie bedingungslos!

Bedingungslose Liebe ist göttlich!
Gottes Liebe stellt keine Bedingungen!
Bei Gott dürfen wir auch Fehler machen! Gottes Liebe ist uns sicher!

Menschen dürfen Fehler machen!

Denn Menschen haben den freien Willen und treffen ihre eigenen Entscheidungen. Da ist es normal, auch eine falsche Entscheidung zu treffen.
Wenn wir eine Fehlentscheidung treffen, dürfen wir hingehen, zu Gott und Gott den Fehler bringen.
Die Liebe Gottes wandelt menschliche Fehler um, in Liebe! Das gibt uns Menschen keinen Freifahrtsschein, dass wir einfach durchs Leben poltern dürfen! Und Gott wird es dann für uns wieder richten!
Gott kennt die menschliche Seele! Schließlich hat Gott sie geschaffen! Doch Gott schenkt uns Heimat. Mit all unseren Stärken und Schwächen sind wir getragen in Gott! Gott schreibt uns nichts vor! Gott lässt uns entscheiden.
Dabei machen wir Fehler! Und damit dürfen wir zu Gott kommen und:

Schwäche zugeben

Wir dürfen alles vor Gott ausbreiten! Auch unsere Schwächen!
Menschen geben nicht gern Schwächen zu! Weil sie dann von anderen bewertet werden! Schon in der Schule wird Schwäche mit entsprechenden Noten abgestraft.

Wer sich nicht traut, im Sportunterricht über den Schwebebalken zu balancieren, bekommt eine Fünf, zur Strafe!

Gott bewertet uns nicht! Gott nimmt uns an, auch in Schwäche! Auch behindert, im Rollstuhl!

Auch wenn ich es nicht schaffe, zu gehen und mir der Mut fehlt! Dann ist das Schwäche, die ich vor Gott zugeben kann! Ich werde nicht bestraft, sondern getröstet von einem mütterlichen Gott! Und ich werde gesegnet von einem väterlichen Gott!

Ich darf Schwäche zugeben und schwach sein bei Gott!

Vor dreißig Jahren habe ich mich von meinem ersten Mann scheiden lassen. Ich habe ihn sehr verletzt und ihm weg getan! Obwohl wir seelenverwandt sind und viele Leben gemeinsam verbrachten. Das bekam ich von der Akasha-Chronik bestätigt.

Ich bereue sehr, dass ich diesen Menschen verletzt habe. Gott verurteilt mich dafür nicht, sondern schenkt mir Liebe und Mitgefühl!

Vorm Traualtar sagte ich: „Ja, mit Gottes Hilfe!"

Und jetzt ist sie da: Gottes Hilfe!

Löweneumond! Unsere Abendspazierrunde. Sanft gleitet mein Rollstuhl über einen weichen Rasenweg, wie ein grüner Teppich!

Ich darf die Schöpfung auf der Erde fühlen! Ich lebe hier, auf einem schönen Platz der Erde! Gott hat mir nach meinem Schlaganfall ein neues Leben geschenkt!

Mit Behinderung lebe ich weiter:

Ich lebe mit Gottes Hilfe

Gott hat mir ein neues Leben geschenkt! Gott hat mir meine Talente geschenkt, die in meinem neuen Leben zum Einsatz kommen!
Gott schenkt mir jeden Tag die Kraft und Energie, durchzuhalten mit Behinderung zu leben!
Gott schenkt mir jeden Tag den Mut, nicht aufzugeben!
Gott schenkt mir Zuversicht! Gott schenkt mir jeden Tag Heilung!

Krankheiten sind Wegweiser

Krankheiten sind nicht wegen etwas da. Krankheiten sind keine Strafen.
Krankheiten sind für etwas da. Krankheiten sind Wegweiser!
Der Grund für eine Krankheit liegt nicht in der Vergangenheit, sondern in der Zukunft.
Eine Krankheit ist ein Wegweiser! Und wer Krankheit als Wegweiser erkennt, hört auf zu hadern und zu zweifeln! Wer Krankheiten als Wegweiser erkennt, beginnt, das Seine zu erkennen!
Nach einem arbeitsintensiven Leben vor meinen Schlaganfall, ein Leben in ständiger Eile, bin ich nach meinem Schlaganfall angekommen! Ich sitze im Rollstuhl! Bewusst nutze ich meine Zeit für meine Freuden und das, was ich liebe!
Vor meinem Schlaganfall fühlte ich mich nur in andere ein! Seit ich im Rollstuhl sitze, fühle ich mich!
Vor meinem Schlaganfall half ich anderen, ihre Freuden zu finden! Nach meinem Schlaganfall,

behindert im Rollstuhl, fand ich meine wahren Freuden! Ich tue das, was ich liebe! Ich lebe meine Talente!

Der Schlaganfall war nicht der Anfang eines schlimmen Schicksals. Der Schlaganfall war der Anfang meiner Heilreise! Der Wegweiser, meine Seele zu entfalten!

Den Grund der Krankheiten finden wir nicht in der Vergangenheit! Die Warum-Fragen bekommen keine Antworten! Krankheiten sind zukunftsorientiert!

Krankheiten sind Wegweiser! Krankheiten bringen eine Botschaft, was wir im Leben ändern sollten. Krankheiten sind für etwas gut! Darin steckt der Sinn einer Krankheit!

Anstatt zu fragen: Warum?, sollten wir erkennen: Dafür!

Ich denke an ein Ehepaar in meiner Praxis: Nach einem schweren Herzinfarktes des Mannes haben die beiden ihr Leben total verändert. Sie lebten dann da, wo sie schon immer leben wollten. Sie brachen hier ihre Zelte ab und zogen an die Ostsee!

Es gibt einige Menschen, die nach Schicksalsjahren ihr ganzes Leben ändern! Krankheiten und Leid verändern uns und machen uns:

Bewusst

Ich habe erlebt, wie schnell das Leben vorbei sein kann!

Im Rollstuhl ist mir klar geworden, dass es in meinem Leben um mein Leben geht! Ich gehe bewusster mit meinem Leben um. Ich mache das, was mir Freude macht und was ich liebe! Ich zwinge mich zu nichts mehr, was ich nicht will!

Ich will nicht, dass mein Name zur Beerdigung eines Onkels meines Mannes auf dem Kranz steht. „Lass es doch, du siehst es doch nicht", sagt mein Mann.

Nein, ich lasse es nicht!

Ich lasse es nicht mehr mit mir oder meinem Namen machen! Ich lasse nichts mehr mit mir geschehen, was andere wollen!

Ich lebe bewusst! Und in meinem Leben bin ich die, die entscheidet! Das brauchen nicht andere für mich übernehmen!

Früher meinte die Mutter meines Mannes, ich sei nicht gut genug für ihren Sohn! Und jetzt darf ich zu ihrem Sohn gehörig namentlich auf diesem Kranz erwähnt werden. Da sage ich Nein!

Ich hatte keine Verbindung zu dem verstorbenen Onkel. Es wäre eine Lüge, wenn ich hier mit erwähnt werde!

Bewusster sein, bedeutet auch, nicht mehr lügen zu können!

Wenn wir bewusster sind, fühlen wir sofort das, was nicht stimmt! Mein Name auf diesem Kranz stimmt nicht!

Was für mich nicht mehr stimmt, dem stimme ich nicht mehr zu!

Bewusst will ich mein Leben leben! Bewusst gehen!

Bewusst leben, heißt das zu tu, was uns entspricht, was uns gut tut und:

Das Leben feiern

Sich etwas Gutes tun! Sich etwas Gutes gönnen!
Meiner Fußreflexzonentherapeutin erzähle ich, dass wir für Sonntagmittag einen Tisch in einer Gaststätte bestellt haben. Zurzeit gibt es dort eine große Auswahl von Pfifferlingsgerichten. Das muss man nutzen, wenn es so ist!
„Gibt es einen Anlass?", fragt meine Therapeutin. Ich sage ihr, weil ich laufen kann. Wir sehen uns an und lachen. Ich kann nicht laufen! Aber wer weiß, was noch geschieht!
Nach unserem Gespräch wurde mir bewusst:
Das Leben ist doch genug Anlass, um sich Gutes zu gönnen! Wir dürfen das Leben feiern!
Wir müssen uns nicht nur für Leistungen belohnen!
Ich denke an meinen Sohn, als er ein Schulkind war. Ich belohnte ihn immer! Er bekam immer etwas für seine Zeugnisse, unabhängig von Leistung! Wobei er gute schulische Leistungen erbrachte, ohne dafür gestrietzt zu werden! Das hätte ich auch nicht getan.
Wir dürfen uns Gutes gönnen, nicht nur für Leistung, sondern für Leben!
Das ist:

Bedingungslos leben

Menschen stellen oft Bedingungen, für die es dann eine Belohnung gibt! Werden die Bedingungen nicht erfüllt, bleibt die Belohnung aus! Schon kleine Kinder werden so geprägt.

Dann müssen wir uns über Krankheiten und Verlust der Lebensfreude in unserer leistungsorientierten Gesellschaft nicht wundern!
Die Rune Wunjo begleitet mich zurzeit. Sie bedeutet Ekstase, ursprüngliche Lebensfreude!
Die Rune ist eine senkrechte Linie und am oberen Ende zeigt nach rechts ein kleiner Wimpel. Wunjo entspricht dem Element Luft und ist wie eine Fahne.
Ich muss keine Bedingungen erfüllen! Ich lebe! Ich trage die Fahne der ursprünglichen Lebensfreude voran.
Ich trage neue Schuhe, die ich mir vorige Woche gegönnt habe! Ich habe sie bei einer Krankenschwester gesehen, die sie trug, als sie mich duschte. Sie haben mir sehr gefallen! Sie entsprechen auch meinem Stil! Ich gönnte mir diese Schuhe! Auch wenn ich nicht laufen kann!
Nach meiner Fußmassage trug ich einige Stunden meine neuen Schuhe. Mein Mann schiebt mich durch Aldi. Dann trainiere ich in meinen Geräten. Abends gibt es noch eine kleine Spazierrunde. Überall sind meine neuen Schuhe dabei. Auch wenn ich nicht laufe! Und ab und zu schaue ich auf meine Füße, sehe die tollen Schuhe und erfreue mich an ihnen! Außerdem steht mein gelähmter Fuß stabil im neuen Schuh! Manchmal kommt auch erst die Belohnung und dann ein Erfolg!
Erfolg ist, dass was auf eine Sache erfolgt!
Erfolg braucht keine Bedingungen! Schon in der Schule lernen kleine Kinder, dass es für Leistungen Belohnung gibt! Und dafür opfern wir Lebensfreude!

Lebensfreude ist mehr als Belohnung

Ich freue mich an meinen neuen Schuhen, die keine Belohnung sind für irgendeine Leistung! Sie schenken mir Lebensfreude!
Ist Lebensfreude nicht viel mehr wert, als eine erbrachte Leistung?
Denn Lebensfreude macht glücklich! Für erbrachte Leistung musste man vielleicht sogar Freude opfern!

Verdienen

Ich habe einen schweren Schlaganfall überlebt! Gott schenkte mir ein neues Leben! Gott sei Dank! Dafür musste ich keine Leistung erbringen! Ich musste mir nichts verdienen! Gott hat mir dieses Leben einfach geschenkt!
Und jetzt lebe ich bedingungslos dieses Leben! So wie Gott es mir schenkte! Ich sitze im Rollstuhl!
„Das hast du nicht verdient! Dass Du so leiden musst! Du hast doch so vielen schon geholfen!", haben schon manche zu mir gesagt!
Es geht nicht darum zu verdienen! Nur weil ich als Heilpraktikerin anderen half, darf mir nur noch Gutes widerfahren? Sonst ist das ungerecht?
Ich habe nicht anderen geholfen, um selbst vom Leid verschont zu werden! Dass das so nicht funktioniert, war mir früher schon bewusst! Und ich erlebe auch keine Ungerechtigkeit! Ich erlebe meinen Weg der Heilung!
Verdienen ist etwas, was sich Menschen ausgedacht haben! Und die meisten meinen, sie müssten Gerechtigkeit erfahren!

Was ist gerecht? Was sich das menschliche Ego ausdenkt, weil es Angst hat, durch seine selbst erschaffene Dunkelheit zu gehen?
Wo Liebe ist, gibt es keine Angst! Wo Liebe ist, pocht auch keiner auf Gerechtigkeit!

Wo Liebe ist,

-wird geliebt,
-wird das Leben bedingungslos angenommen,
-wird gedankt!
Denn das Leben ist ein Geschenk Gottes! Das Leben ist kein Verdienst!
Das Leben möchte Liebe sein!
Ich danke für mein Leben, welches Gott mir ein zweites Mal schenkte! Es ist gut, wie es ist! Danke!
Auch mit Behinderung ist Leben lebenswert!
Leben muss nicht perfekt sein, nur in Liebe!
Was wir lieben, braucht keine Perfektion!
Wo Liebe ist, braucht es keine Perfektion!

Ursprünglich sind wir Liebe und Freude

Erst im Laufe des Lebens stellt unser Ego Bedingungen. Unsere ursprüngliche Liebe und Freude gehen dadurch verloren.
Das Ego bestimmt und bewertet! Das Ego stellt Bedingungen! Das Ursprüngliche geht verloren.
Die Rune Wunjo ist die Ekstase, die ursprüngliche Freude.
Ekstase ist ein Rauschzustand, in dem wir in völliger Hingabe sind.
Dabei verliert das Ego die Kontrolle.

Die innere Kontrollstation hat dann Sendepause!
Das gefällt einem Ego nicht. Das Ego ist ständig bestrebt, alles zu kontrollieren und zu überwachen. Ekstase schwächt das Ego! Das Ego bangt um seine Existenz! Deshalb versucht es Liebe, Freude und Ekstase zu beherrschen!

Bewegungsekstase

Ich gebe der Wunjo-Rune die Ehre, indem ich sie auf einer Leinwand male.
In gelbgrün, vor sonnengelbem Licht! Daneben zwei Spiralen von unten nach oben, ebenfalls in gelbgrün. Die Spiralen und die Rune stehen auf braunem, erdigen Grund und sind schützend unterm Himmelszelt eingehüllt! Das gelbgrün der Rune und der Spiralen steht für Bewegung!
Wunjo heißt Ekstase, ursprüngliche Freude!
Bewegung kann in Ekstase führen. Durch intensive Bewegung können wir in eine Art Rauschzustand geraten! Ich denke an früher: Ekstase durch intensiven Tanz.
Als ich mich im Tanz bewegte, geriet ich manchmal in einen Rausch! Irgendwann gab es keinen Tanz mehr in meinem Leben! Nicht wegen meiner Behinderung! Nein, schon lange vorher gab es keinen Tanz mehr, weil mein Mann keinen Spaß am Tanzen hat! So wurde diese Möglichkeit aus unserem Programm gestrichen.
Heute tanze ich allein, als Behinderte! Im Rollstuhlfahrrad, im Stehtrainer! Oder ich sitze im Rollstuhl, verschränke meine Arme, wobei ich den linken, gelähmten Arm mit der rechten Hand halte.

Dann gebe ich mich Schaukelbewegungen hin. Ich tanze! Bei dieser Bewegung löst sich Spannung im Zwerchfell und im Rücken!

Manchmal tanze ich im Wasser mit meiner Physiotherapeutin. Um mein Gleichgewicht zu trainieren drehen wir uns links und rechts herum. Meine Physiotherapeutin achtet darauf, dass ich mich allein stabilisiere und nicht an ihr. Sie zeigt mir ab und zu: „Das ist mein Tanzbereich"! Ein Satz aus Dirtydancing!

Ich tanze im Rollstuhl und halte meine Arme! Ich betrachte mein Bild mit der Wunjo-Rune. Es zeigt Bewegung.

Ich gebe mich, im Rollstuhl sitzend, der Bewegung hin. Aus den anfänglichen Schaukelbewegungen werden kreisende Bewegungen meines Oberkörpers. Mein Zwerchfell und meine Brustwirbelsäule fühlen sich frei an! Mein Atem geht tiefer.

Wenn ich angespannt bin, halte ich oft meinen Atem an. Ich vergesse dann zu atmen. In meiner neuen Ergotherapie kam es auch einmal vor. „Sie dürfen auch atmen", sagte diese aufmerksame Therapeutin. Dann entspannte sie mich mit kreisförmigen Bewegungen meines Oberkörpers, wobei sich meinen Rücken lockerte.

Nun sitze ich hier im Rollstuhl und bewege meinen Oberkörper. Ich kann gar nicht mehr aufhören! Wie im Rausch! Ich bewege mich immer weiter! Wie im Rausch! Ekstase! Ich denke nicht mehr! Ich lasse die Bewegung einfach zu! Ich bin Eins mit der Bewegung! Ekstase! Bewegungsekstase!

Homöopathie heilt

Ich nahm abends und morgens Helianthus annuus. Vormittags zwischen Frühstück und Mittag nehme ich mein Konstitutionsmittel Natrium muriaticum. Und danach kam mein Körper in die kreisende Bewegung. Homöopathie bekämpft nichts Krankes. Homöopathie stärkt das Gesunde! Homöopathie heilt!

Im Bauch von Mutter Erde

Es ist ein heißer Sommertag. Nach dem Nachmittagskaffee fahre ich mit meinem Treppenlift in den Keller und verweile in meinen Praxisräumen.
Ich spiele auf meiner Steeldrum. Dann recherchiere ich noch ein paar Dinge im Internet.
Hier ist es angenehm. Ich erhole mich im Bauch von Mutter Erde. Im Sommer ist es hier angenehm kühl. Im Winter ist es beheizt, kuschelig warm. Ich fühle mich wohl in diesen Räumen. Es sind meine Räume! In den Räumen ist meine Energie!
Irgendwann werde ich hier wieder dem Leben dienen.
Es wird keine Naturheilpraxis als Heilpraktikerin mehr geben! Ich möchte mich nicht mehr um Krankes kümmern!
Wie die Homöopathie will ich Gesundes stärken! Deshalb wird es hier in der Zukunft eine Praxis für klassische Homöopathie und für Informationen aus der Akasha-Chronik geben! Im Bauch von Mutter Erde wird etwas Neues, mein ganz Eigenes entstehen.

Ich bin dann keine Heilpraktikerin mehr, die sich um Krankheiten kümmert! Ich bin dann Nayalavee, die hilft, das Gesunde zu sehen und zu stärken! Diese Erkenntnis habe ich auf meinem Heilweg bekommen! Danke, gütiger Gott!

Freiheit, um eigene Wege zu gehen

Unsere kleine neue Mitbewohnerin, eine kleine Katze, spaziert auf der Mauer vor meinem Praxisfenster entlang, schenkt mir einen kurzen Blick mit einem Zwinkern, dann geht sie weiter! Die Katze lässt sich nicht anbinden oder einsperren. Sie liebt Freiheit und geht ihren eigenen Weg! Ich erkenne die Botschaft der Katze an mich:
Geh deinen eigenen Weg. Sei ganz Du selbst, Martina Nayalavee!
Ich muss nicht mehr in beruflichen Zwängen leben, als Heilpraktikerin Gesetze bedienen, korrekte Abrechnungen zu schreiben! Ich muss nicht mehr teure Beiträge in einen Heilpraktikerverband bezahlen, der mir in schwerer Krankheit keine Beiträge erlässt!
Ich möchte dem Leben dienen, mit dem, was ich bin!
Mein Schlaganfall hat mich in den Rollstuhl in meine Freiheit geschickt, um ganz eigene Wege zu gehen!
Ganz neue Möglichkeiten, die da vor mir liegen!
Ich lasse alles möglich sein, was möglich werden kann und möchte!

Räume für Möglichkeiten erschaffen

Wir selbst erschaffen durch unsere Gedanken Möglichkeiten oder schränken uns ein!

Morgen gehen wir zum Mittag in eine Gaststätte, es ist Sonntag. Als meine Fußreflextherapeutin fragte, welchen Anlass es gibt, antwortete ich: „Wir feiern, dass ich laufen kann"! Damit habe ich einen Raum geschaffen, dass ich laufe. Es ist möglich. Ich schränke mich nicht ein. Es darf geschehen, es muss aber nicht sein! Alles ist möglich! Wenn wir alles möglich sein lassen, ist alles möglich! Wenn wir uns durch Gedanken einschränken, blockieren wir auch Möglichkeiten! Alles kann dann geschehen! Das macht frei! Und nichts muss geschehen! Das macht ebenso frei und nimmt den Druck!

Alles darf geschehen! Damit ist alles möglich.

Räume für Möglichkeiten erschaffen wir durch unsere Gedanken!

Es sei zu beachten:

Unsere Realität waren einst unsere Gedanken!

Alles darf sein, wie es ist

Wir sitzen zum Sonntagmittag in der Gaststätte. Ich esse Fisch, Nudeln und Pfifferlinge.

Ich sitze im Rollstuhl, in dem mich mein Mann vom Auto in die Gaststätte rollte. Das Essen schmeckt hervorragend. Die Kellnerin ist nett. Ich lobe ihr gegenüber das wunderbare Essen.

Ich bin glücklich, wie es ist! Ich sitze gelähmt im Rollstuhl und kann nicht gehen! Es darf sein, wie es ist! Ich hadere nicht! Ich bin glücklich! Wie viele

Menschen können gehen und hadern? Sie sind durch ihr hadern unglücklich!
Es darf sein, wie es ist! Ich bin zufrieden!
Ich sitze in der Gaststätte und erinnere mich:
Ich habe hier zu meinem fünfzigsten Geburtstag mit meinen Freundinnen gefrühstückt. Es war ein schöner Vormittag!
Damals hätte ich nicht gedacht, dass ich ein paar Jahre später im Rollstuhl hier sitze! Und doch ist es jetzt so! Und es darf so sein!

Immer neu erblühen

Damals schenkte mir jede Freundin eine Orchidee. Ich hatte mir Orchideen gewünscht, die immer wieder blühen! Und nicht Blumensträuße, die weggeworfen werden, wenn sie verblüht sind!
Alle Orchideen von meinem fünfzigsten Geburtstag leben heute noch und erblühen immer wieder!
Die Orchideen haben überlebt, so wie ich! Ab und zu erblühen die Orchideen, so wie ich!
Und immer wieder erlebe ich ein neues Erblühen! „Du wirst immer besser! Deine Bilder haben etwas Berührendes! So eine schöne Ausstrahlung!", sagte meine Freundin neulich, als sie mein Vollmondbild betrachtete! Meine Talente sind Gottesgeschenke!
Mit meinen Gaben drücke ich das aus, was ich fühle!
Und so darf ich immer wieder neu erblühen!
In meiner Akasha-Chronik habe ich erfahren, dass die Künstlerin in mir leben sollte! Auch dafür bin ich auf meinem Heilweg!

Gottesgaben dürfen wir weiterreichen

Ich fand auf meinem Heilweg zur Akasha-Chronik.
Gott führte mich zur Akasha-Chronik. Ich habe schon viele segensreiche Informationen aus ihr erhalten!
Es gibt keine Zweifel mehr, dass ich auch für Andere Informationen aus dem Buch des Lebens einholen werde!
Gott hat mir dieses Geschenk überreicht! Ich darf es nicht nur für mich behalten und festhalten! Dann kann es nicht mehr fließen! Ich werde es dem Leben schenken!
Neulich erzählte mein Sohn, dass er als Filmemacher gerade einen Film schneidet, eine Idee hat, aber nicht weiß, wie er es umsetzen könnte! Er hat schon andere Insider befragt. Keiner hatte die Idee, die ihn weiterbrachte! Ich sah in die Akasha-Chronik und erhielt die Antwort, die ich meinem Sohn gab: "Du kannst es selbst! In dir liegt die Antwort!"
Beim nächsten Gespräch erzählte mein Sohn, er hatte noch weitere Insider befragt. Keiner wußte eine Lösung! Nun fand er selbst die Lösung!
Mein Sohn ist der Esoterik gegenüber nicht unbedingt aufgeschlossen und schreit nicht gleich: „Hurra! Her damit!"
Das ist gut so. Solche Menschen brauche ich, um eigene Zweifel zu beheben!
Da meine Antwort aus der Akasha-Chronik genau die war, die sich im Leben bestätigte, gilt für mich meine neue Fähigkeit, die Gott mir schenkte, als bewiesen!
Ich bin bereit, meine Gottesgaben meinen Schwestern und Brüdern zur Verfügung zu stellen!

Ich darf ja auch Gottesgaben anderer für mich nehmen!
So z.B. die Gaben meiner Kunsttherapeutin! Danke, gütiger Gott für Deine Gaben!
Gottesgaben dürfen wir nicht nur festhalten! Sondern Gott gab sie uns zum Weiterreichen!
Und auch andere damit zu erfreuen!

So kommt die Liebe in die Welt

Liebe können wir nur nehmen, wenn sie jemand gibt!
Gott sendet uns Liebe, um sie weiter zu schenken!
Liebe wird nicht verbraucht, wenn wir sie geben! Liebe vermehrt sich!
Liebe strömt in die Welt, wenn sie gegeben wird!
Liebe lässt sich nicht festhalten! Festhalten stört den Fluss der Liebe!

Geben und Nehmen

Durch Nehmen und Geben fließt Energie! Leben ist Energie! Energie möchte fließen!
Wenn ich Liebe gebe, nehme ich auch Liebe! Dann ist die Liebe im Fluss!
Energie vermehrt sich, indem sie fließt! Festhalten stört den Fluss! Festhalten ist eine Staumauer für die Energie! Es kommt zum Stillstand!
Als mir Gott den Zugang zur Akasha-Chronik schenkte, wurde mir die Frage gestellt, ob ich bereit wäre, auch für andere Informationen zu holen. Nach anfänglichem Zögern wurde mir klar, die Gottesgaben gehören mir nicht allein! Wenn ich etwas bekomme, darf ich auch geben!

Gedicht: Füreinander sein ein Segen!

Wenn ich bekomme,
darf ich auch geben!
So werde ich zum Segen!
Ein Geschenk im Leben!
Lasst uns zusammen stehen!
Gemeinsam gehen!
Lasst uns Eins in einem Leben sein!
Füreinander sein
ein Segen!

Miteinander

Wir sind keine Einzelwesen. Wir leben in Familien, in Gruppen! Manchmal sind wir seelenverwandt und kennen uns bereits aus früheren gemeinsamen Inkarnationen! Vielleicht haben wir uns als Seelen verabredet, um das, was wir erleben, gemeinsam zu erleben!
Wir sind nicht allein auf der Welt! Da gibt es noch all die anderen! Mit manchen haben wir uns verabredet und haben Gottes Segen für die Begegnung!
So gehen wir miteinander größere oder kleinere Strecken unserer Lebensreise, bis das Ziel erreicht ist, wofür sich die Seelen verabredet haben! So helfen und unterstützen wir uns und werden füreinander zum Segen!
Es kommt auch vor, dass wir uns von Seelen trennen, die mit uns in Liebe verbunden und seelenverwandt sind. Unter solchen Trennungen leiden wir besonders.

Noch dreißig Jahre nach der Ehescheidung von meinem ersten Mann leide ich darunter.
Obwohl ich selbst damals die Trennung wollte, ist sie heute für mich ein schmerzhafter Verlust.
Unsere Abendspazierrunde führt heute durch den Wald. Wir besuchen die Seeecke. Ein wunderschönes Biotop! Hier sind wir bei den Anfängen der Entstehung des Lebens. Leben entsteht im Wasser.

Am Ursprung des Lebens

Ich sitze im Rollstuhl vor diesem Biotop. Frösche springen am Ufer entlang. Kleine Wellchen wirbeln im Wasser! Hier entsteht Leben, in das die göttlichen Seelen einziehen, Heimat finden und wachsen!
Ich sitze hier, und es wird mir bewusst: Auch mein Leben kommt aus dem Wasser! Im Fruchtwasser meiner Mutter durfte ich schwimmen, als meine göttliche Seele in meinen Körper einzog! Hier wurde mir meine Heimat geschenkt! In Liebe wurde ich empfangen! Aus Liebe meiner Eltern entstand mein Körper! Aus Liebe erschuf Gott meine Seele! Im Segen Gottes fand ich Heimat!

Heimat in mir

Ich lege meine rechte Hand auf mein Herz, atme bewusst und fühle:
In mir ist Heimat!
Meine Heimat ist nicht da draußen, irgendwo, in einem Ort, einem Haus, auf einem Grundstück.
Nein! Da ist nur die Heimat eines Verstandes!
Meine Heimat ist hier! Meine Heimat ist in mir!

In mir, wo meine göttliche Seele wohnt!
Wo meine göttliche Seele wohnt, ist meine Heimat!
Wo sonst sollte es eine bessere Heimat für mich geben!
Im Stehtrainer zog ich heute eine neue Rune, die mich begleitet. Es ist Isa. Isa bedeutet „im Moment sein."
Jetzt sitze ich hier im Wald, an der Seeecke. Meine Hand auf dem Herz! Ich fühle ganz bewusst Heimat in mir!
Isa ist eine senkrechte Linie, ein I.
Das I verbindet den Himmel mit der Erde. Meine göttliche Seele ist hier, in meinem erdigen Körper angekommen und hat in diesem Leben ihre Heimat gefunden!
In keinem spirituellen Seminar, keinem Vortrag oder Buch wurde mir gezeigt, was so wichtig ist! Und dieses Wichtige finde ich vor einem Biotop, im Wald! Gelähmt und behindert im Rollstuhl sitzend!
Die Heimat ist da, wo meine göttliche Seele ihre Heimat gefunden hat! Heimat ist in mir!
Nach meinem Schlaganfall saß ich behindert im Rollstuhl. Meine göttliche Seele ist ein zweites Mal in meinen Körper eingezogen! Und erst in diesem zweiten, neuen Leben fühle ich bewusst meine Heimat!

Im Moment sein

Behindert im Rollstuhl, gab es keine Möglichkeit mehr, davonzurennen, zu jagen zu suchen! Ich bin angekommen! Ich bin immer wieder im Moment! Hier! Bei mir!

Und nirgendwo anders, da draußen, auf der Suche!
Ich muss nichts mehr suchen!
Ich bin in jedem Moment in mir! Und in jedem Moment finde ich!
Ich bin eine Findige geworden!

Aus Liebe gemacht

Mir wird bewusst, seit der homöopathischen Arznei Aqua amniota, die ich öfter nahm, ist meine Angst verschwunden!
Im Fruchtwasser meiner Mutter kam meine Seele das erste mal an, in meinem Körper, in meiner Heimat! Da gab es noch keine Angst! Da gab es nur die göttliche Seele, aus Liebe gemacht! Die aus Liebe erschaffene Seele zog in den Körper, der ebenso von meinen Eltern aus Liebe gemacht war!

Ich bin aus Liebe gemacht!
Angst hat erst mein Egoverstand gemacht, als er gesellschaftlich geprägt wurde.
Mit Aqua amniota wurde mir bewusst: Ich bin in Liebe! Und die Angst verschwand!

Frisch aus dem Wald kommend, nehme ich vor der Nacht Helianthus annuus! Am nächsten Vormittag nehme ich es gleich noch mal. Die Sonnenblume zeigt mir, mich dem Licht zuzuwenden, aus dem meine Seele kommt!

Gedicht: Aufgewacht!

Aus göttlichem Licht entsprungen!
Aus Liebe gemacht!
Als ich das gefunden,
bin ich
Aufgewacht!
Alle Angst ist verschwunden!
Denn Liebe ist da!
Ich habe gefunden:
Nur Liebe ist wahr!

Den Mantel des Vergessens lüften

Wenn wir als Mensch geboren werden, ziehen wir den Mantel des Vergessens an. Wir vergessen unseren göttlichen Ursprung. Und wir werden von anderen Menschen geprägt.

Je nach dem, welche Werte die Menschen in sich tragen, die uns prägen, diese Werte übernehmen wir auch für uns. So entstehen Glaubenssätze, die sich durch Generationen ziehen. Unser Ego wird geprägt. Und wir vergessen immer mehr die Heimat unserer Seele und unseren göttlichen Ursprung.

Unsere Seele möchte den Schleier des Vergessens lüften und uns unseren Ursprung bewusst werden lassen!

Viele befinden sich auf der Suche!

Wenn sich der Mantel des Vergessens gelüftet hat, erkennen wir uns jenseits unseres Egos, jenseits von falschen Prägungen! Dann erkennen wir unsere Seele, für die wir geboren sind!

Ich glaube, es ist unsere einzig wahre Lebensaufgabe, zu unserem göttlichen Ursprung zurückzufinden. Dafür vergessen wir und sind Mensch. Als Mensch dürfen wir werden und unsere:

Göttlichkeit finden

Erzengel Michael ist nach Hans Stolp der Erzengel des Werdens, der Erzengel der neuen Zeit!
Es geht darum, unsere Seelenessenz in Gott zu finden!
Erzengel Michael durfte ich unter Anleitung meiner Kunsttherapeutin im sonnigen Gelb auf eine große Leinwand malen. Das Bild leuchtet in meinem Flur!
Erzengel Michael begleitet mich auf meinem Heilweg:

Auf dem Weg zurück ins Licht

Religion heißt Rückverbindung!
Mein Heilweg führte mich zurück ins Licht!
Zurück zu Gott, der meine Seele erschaffen hat!
Ich hatte Hilfe aus himmlischen Sphären.
Ich hatte Hilfe von Seelenverwandten, die mir alle auf ihre Art und Weise eine Unterstützung waren.
Und ich hatte Hilfe mit der Homöopathie.
Jetzt nehme ich die Arznei Helianthus annuus, die Sonnenblume.
Auf einem Sonnenblumenfeld ist es gut zu beobachten:
Die Blüten drehen sich gemeinsam mit dem Licht. Manchmal umarmen sie sich mit ihren Blättern.

Helianthus annuus unterstützt uns als homöopathische Arznei unsere wahren Seelenverwandten zu finden!

Seelenverwandte erkennen

Auf der Rückkehr ins Licht erkennen wir unsere wahren Seelenverwandten! Weil wir uns verabredet haben!

Gemeinsam sind wir auf dem Weg ins Licht!

Seelenverwandte erinnern uns daran, dass wir göttliche Seelen sind, die vorübergehend in einem menschlichen Körper wohnen.

Wie sich alle Sonnenblumen auf einem Feld dem Licht zuwenden und in die gleiche Richtung blicken, blicken auch Seelenverwandte in die gleiche Richtung! Seelenverwandte sehen in eine Richtung, haben gleiche Werte und folgen manchmal auch dem gleichen Stern!

Seelenverwandte sind verbunden! Sie sind nicht durch ihre Wurzeln auf der Erde miteinander verbunden. Sie entspringen nicht aus einer Wurzel auf der Erde: Auch im Sonnenblumenfeld hat jede Blume ihre eigene Wurzel.

Doch ihre Blüten sehen in die gleiche Richtung und entspringen dem Licht und der Liebe aus Gott.

Seelenverwandte sind nicht körperlich über ihre Ahnenlinien verwandt. Sie sind Seelenverwandt aus ihrem göttlichen Ursprung!

Es sind die, die uns Gott zur Seite stellt, um uns zu unterstützen.

Meine Kunsttherapeutin bot mir nach einem Gottesdienst ihre Hilfe an, die ich dankbar annahm.

Seit dem unterstützt sie mich mit der Kunsttherapie auf meinem Heilweg. Wir sind verbunden, sind uns unseres göttlichen Ursprungs bewusst und sehen in die gleiche Richtung: zur göttlichen Liebe und zum göttlichen Licht! Unsere Seelen sind verwandt. Aus der Akasha-Chronik durfte ich ein Leben sehen, in dem wir schon einmal gemeinsam inkarniert waren.

Meine Freundin Marion besuchte mich in der Reha und später zu Hause. Dann erkrankte sie selbst an einem Hirntumor. Während eigener schwerer Krankheit strickte sie noch für mich Strümpfe, die sie mir schenkte, als ich sie im Hospiz besuchte.

Ich saß im Rollstuhl an ihrem Bett, wir reichten uns unsere Hände und streichelten uns. Marion lächelte und freute sich, dass ich da war. Ihr Mann erzählte mir später, dass Marion sich sehr gefreut hatte und immer wieder mit einem Lächeln zu ihrem Mann sagte: „Marta war da!"

Marta ist Martina abgekürzt. Viele meiner alten Freunde nennen mich so! Diesen Kosenamen bekam ich als Krankenschwester im Krankenhaus. Selbst für Patienten war ich hin und wieder Schwester Marta! Das war in Ordnung für mich.

Nach dem Besuch meiner Freundin im Hospiz sah ich auf der Heimfahrt einen wunderschönen Sonnenuntergang! Ich fühlte Marions Spirit! Marion sagte mir: „Ich gehe Dir nur voraus!"

Wir sahen beide in die gleiche Richtung und wussten, dass wir aus Liebe kommen und in Liebe gehen!

Später besuchte ich Marion's Grabstätte im Friedwald. Dort, wo ihre Urne ist, hat ihr Mann ein weiches Moosbett gelegt. So liegt ihr Körper aus diesem Leben geborgen in der Erde, wie sie es sich wünschte. Auch ihr Vater ist in ihrer Nähe begraben.

Manchmal ist Marion bei mir, aus dem Jenseits. Ihre Seele ist da. Ich fühle: Wir sind seelenverwandt! Wenn ich das fühle, erscheint mir Marion mit ihrem sanften, liebevollen Lächeln!

Manchmal sind Seelenverwandte auch aus dem Jenseits für uns da!

Die Botschaft ist klar: Die Seele lebt ewig! Und:

Ewig ist die Ewigkeit

Bei Gott sind wir in Ewigkeit! Für die Seele gibt es keinen Tot!

Als mir meine Freundin Marion ihre Diagnose mitteilte, sprach sie vom Todesurteil mit dieser Diagnose. Ich sagte ihr, dass man nichts verallgemeinern kann und bei jedem läuft die Krankheit anders ab.

Marion sagte: „ Marta, wir sind beide Krankenschwestern! Machen wir uns nichts vor! Wir wissen doch beide, was die Diagnose bedeutet und welche Prognose zu erwarten ist!" Ich sagte:, „Wir sollten das Beste erwarten." „Was ist das Beste?", fragte Marion!

Ich sagte nichts, nahm sie einfach in den Arm und wusste, sie kennt ihren Weg und es wird das Beste für sie geschehen! Alles liegt in Gottes Hand!

Heute weiß ich, dass die Ewigkeit ewig ist!

Meine seelenverwandte Freundin Marion ist auch, nachdem sie ihre körperliche Hülle abgelegt hat, in der Ewigkeit da! Ewig ist die Ewigkeit!

Marion lächelte, als ich im Hospiz ihre Hand streichelte. Sie streichelte meine Hand und lächelte. Kurz öffnete sie die Augen, sah mich an und schenkte mir ein Lächeln! Ein Augenblick! Ich bin dankbar, dass ich diesen Augenblick erleben durfte und trage ihn in meinem Herzen, wo ich ihn in Ewigkeit bewahren darf! Danke! Ewig ist die Ewigkeit!
In der Ewigkeit ist alles ewig.
Alles Leben ist im Buch des Lebens, der Akasha-Chronik gespeichert.
Somit steht uns lebendige Weisheit jederzeit zur Verfügung.

Seelenheilung mit der Akasha-Chronik

Vor einigen Wochen saß ich zum Neumond im Wald. Ich betete ein Vaterunser und bat Gott, es möge für mich das Beste geschehen. Gott weiß, was in jedem Moment das Beste für mich ist.
Anstatt zu laufen, öffnete sich für mich die Akasha-Chronik. Seit dem habe ich Zugang zum Buch des Lebens.
Ich nehme abends Helianthus annuus. Dann trete ich geistig mit Gottes Erlaubnis und Gottes Segen zur Akasha-Chronik. Ich frage, ob ich etwas tun kann, um die Verletzung, die ich meinem Seelenpartner zugefügt habe, wieder gutzumachen!
Vor dreißig Jahren habe ich mich für einen anderen Mann von meinem ersten Mann getrennt. Heute weiß ich: mein erster Mann war mein Seelenpartner. Damals war mir das nicht bewusst.
Nun ist es mir in der Akasha-Chronik möglich, der Seele meines Seelenpartners gegenüberzutreten und

ihr zu sagen: „Es tut mir leid! Es war falsch, was ich tat! Ich habe dich verletzt! Heute komme ich in Liebe! Ich bringe Liebe, um zu heilen!"
Ich lasse Liebe zu meinem Seelenpartner fließen. Dann fühle ich Gottes Segen.
Ich sehe die Isa-Rune! Das ist in diesem Moment: „Du hast eingesehen! Und heilend gesegnet", sagt Gott.
„Du hast Liebe auf die Wunden gelegt", heißt es weiter.

Alte Schuld ist überwunden

…, wenn auf den Wunden Liebe liegt!
Ich sehe, wie sich zwei Sonnenblumen mit ihren Blättern umarmen und gemeinsam ins Licht sehen! Es ist gut! Alte Verletzungen sind gewandelt in Liebe.
Auch Heilung ist mit der Akasha-Chronik möglich! Ich danke Gott für dieses Geschenk!
Aus Wunden darf Liebe werden! Aus Schuld wird Liebe!

Gedicht: Gott hat es für mich gemacht

Großer Gott!
Du hast unsere Seelen füreinander gemacht!
Erst im Leid bin ich aufgewacht!
Da wurde mir klar,
was ich zerstörte!
Und das es nicht mir allein gehörte!
Gott hat es für mich gemacht!
Ich will es ehren!
Ich bin aufgewacht!

Im Leben wieder angekommen

Mein Sohn ist mit seiner Freundin ein paar Tage zu Besuch. Sie sind nur auf der Durchreise. Ich bin trotzdem in meiner neuen Ergotherapie. Der Termin ist mir zu wichtig.

Mein Sohn ist mit seiner Freundin in der Stadt. Nach meiner Ergotherapie treffen wir uns zum Abendessen. Es gibt lecker Pizza. Nach der intensiven Bewegung habe ich immer ordentlich Hunger. Ich spüre meine körperlichen Bedürfnisse wieder! Ich möchte Bewegung und Nahrung für meinen Körper! Die Bedürfnisse wieder bewusst zu spüren, heißt auch, dass ich im Leben wieder angekommen bin!

Helianthus annuus als homöopathische Arznei hat mich wieder bewusst im Leben ankommen lassen:

Ich bin verwurzelt in der Erde und atme Gottes Licht und Liebe! Ich erkenne die, die meine Seelenverwandten sind. Die im Diesseits und die im Jenseits!

Ich bin angekommen, im Leben!

In der Ergotherapie musste ich in Rückenlage einen Ball bewegen. Meine Ergotherapeutin bewegt dabei die linke Seite.

Mir wird es sehr schwindelig im Liegen. Ich bitte darum, dass ich mich aufsetzen darf. Dann sitze ich auf der Behandlungsliege, die Füße auf dem Boden! Ich atme tief ein und aus, trinke einen Schluck Wasser! Mir wird bewusst: Ich bin angekommen! Ich lebe hier, in diesem Körper, in diesem Leben.

Träume in den Himmel wachsen lassen

Mein Mann fährt mich im Rollstuhl über Kopfsteinpflaster und Straßenbahnschienen in der Stadt zum Italiener. Über Pflaster der Altstadt zu fahren ist im Rollstuhl echt ungemütlich. Aber die Leute, die im Büro planen, man müsse jede alte Stadt wieder mit Kopfsteinpflaster ausstatten, behaupten, alles ist barrierefrei! Das wissen natürlich Menschen, die im Bürosessel diese Entscheidungen treffen!
Ich mit Rollstuhl-Erfahrung weiß, dass jeder Wald barrierefreier ist, als Kopfsteinpflaster in Altstätten!
Und wir haben noch einen Tag mit unserem Sohn und seiner Freundin.
Durch die Baumwipfel schweben wir im Fahrstuhl auf den Baumkronenpfad im Hainich. Barrierefrei zu den Baumkronen im Lift für behinderte Menschen, wie mich!
Oben angekommen sitze ich in der Sonne. Die jungen Leute besteigen den Turm. Mein Mann sitzt auf einer Bank und schaut herum.
Ich bin allein mit mir im Rollstuhl. Es ist gut so, ich brauche die Zeit, hier oben, zwischen Baumkronen, unterm Himmelszelt!
Bäume wachsen wie Träume in den Himmel. Sind Träume im Himmel bei Gott angekommen, werden sie von Gott gesegnet und können auf der Erde wahr werden!
Ich habe Ruhe mit mir im Rollstuhl. Alle anderen sind mit anderen Dingen beschäftigt. Ich bete ein Vaterunser und gebe Gott meinen Traum. Mein größter Traum ist, wieder gehen zu können. Ich habe

meinen Traum in den Himmel wachsen lassen. Nicht nur geistig, auch körperlich bin ich heute näher am Himmel.

Wir fahren dann noch durch die Waldpromenade, neben dem Baumkronenpfad. Ein barrierefreier Waldweg. Am Ende führt ein befestigter Holzweg über Waldteiche. Kleine Luftbläschen steigen im Wasser auf. Auf einem Blatt sonnt sich ein Frosch. Ich beobachte!

Ausdrücken, was bewegt

Am nächsten Tag, nach dem Mittag, reist unser Sohn mit seiner Freundin weiter.

Ich habe Kunsttherapie.

Heute kommt die nächste Farbe. Blaugrün.

Wellen darf ich in Aquarell auf ein Blatt malen.

Dann bringt meine Kunsttherapeutin das Blatt auf die Terrasse zum Trocknen.

Als es getrocknet ist, darf ich entscheiden, was ich mit Kreide auf das Wasser malen möchte.

Ich male die Metamorphose des Frosches.

Ganz links das Laich, am Grund vom See, daneben nach rechts Kaulquappen und am Ende rechts sitzt ein Frosch im Lotussitz und schaut mit großen Augen.

Ich durfte mit dem Bild ausdrücken, was mich bewegt: von der Urzelle bin ich geworden und sitze zum Sprung bereit!

Es darf genug sein

Meine Kunsttherapeutin las mir am Anfang das Märchen vom Fischer und seiner Frau vor.

Die Frau bekam nie genug, immer wieder bat sie ihren Mann zum See zu gehen und den Butt zu bitten, ihr den nächsten Wunsch zu erfüllen.

Als sie Königin war, wollte sie Kaiserin werden, und als das geschah, wollte sie am Ende sogar Gott sein und Mond und Sonne bewegen.

Das zeigt den menschlichen Egowillen. Und wenn das Ego seinen Willen bekommen hat, ist es wieder nicht genug! Und es will wieder noch mehr!

Ich sitze seit sechs Jahren im Rollstuhl! Ich bin zufrieden! Es ist genug! Ich bin in Gott geborgen. Das ist mehr als genug!

An meinem Küchenschrank hängt mein Froschbild. Ich hatte mich entschieden, die Entwicklung des Frosches in einem Waldteich zu malen. Das waren die Begegnungen in der letzten Zeit, die ich hatte.

„Einen schönen Frosch hast du gemalt", lobte meine Kunsttherapeutin. Einen breiten, lachenden Mund soll der Frosch haben, „Er soll freundlich sein", sagte meine Kunsttherapeutin.

Nun hängt das Bild an meinem Küchenschrank und ich sehe einen Frosch mit Kussmund!

Ich denke an verzauberte Prinzen, die erscheinen, wenn ein weibliches Wesen einen Frosch küsst.

Ich sehe lächelnd zum Frosch, stelle mir vor, ihn zu küssen! Welches verzauberte Wesen wird mir dann erscheinen? Vom Zauber erlöst?!

Gedanken und Wünsche, die von anderen bewusst oder auch unbewusst, auf uns treffen, haben Auswirkungen auf uns. Positive genauso wie auch Negative!

Der Frosch, den ich in der Kunsttherapie malte, sieht mich mit großen Augen an und lächelt. Sein Kussmund schenkt mir einen Kuss. Dann fühle ich ein vibrierendes Kribbeln im ganzen Körper.

Vom Karma erlösen

Früher hätte ich in einem Krafttierbuch nachgelesen, was der Frosch macht.

Heute lasse ich die Begegnung einfach zu, ohne zu kontrollieren. Ich lasse geschehen und wirken, im Vertrauen. Ich beauftrage nicht meinen Verstand, im Krafttierbuch nachzusehen! Ich bin im Vertrauen! Ich bin bewusst, dass Gott mir Gutes schickt! Das muss ich nicht von meinem Verstand kontrollieren lassen!

Das vibrierende Kribbeln im Körper fühlt sich an, als würde ich innerlich gereinigt.

Der Frosch von meinem Bild sieht mich an, lächelt und küsst!

Und mir wird bewusst:

Vor dreißig Jahren verfluchte mich eine Frau, die damals meinte, ich würde ihr den Sohn nehmen! Dabei war ich nur die Freundin ihres Sohnes. Sie war die Mutter, und das sollte sie auch bleiben. Ich konnte und wollte ihren Platz gar nicht einnehmen. Dennoch trafen mich ihre Eifersucht und bösen Gedanken.

Dreißig Jahre später sitze ich behindert im Rollstuhl. Und der Sohn der Frau pflegt mich, um ein bisschen wieder gutzumachen, was mir angetan wurde und die Familienseele zu retten, um karmafrei zu werden.

Ich bin in dieser Familie, um zu helfen, Karma zu erlösen.

Das war das Versprechen meiner Seele und meine Seele trieb mich weg von meinem Seelenpartner, um mein Versprechen einzulösen.

So spielt das Leben.

Es sieht aus, als opfert sich ein Mann, um seine behinderte Frau zu pflegen!? Dabei hat sich die Frau zur Verfügung gestellt, um das Karma zu erlösen!

Wenn das Karma kommt, gibt es kein Zurück! Dann treibt es uns, um zu erlösen!

Gestern zog ich im Stehtrainer nach der Kunsttherapie die Rune Naudhiz. Naudhiz ist die Schicksalsrune. Sie kommt, wenn eine Notsituation nach Veränderung ruft!

Der Frosch ist bei mir!

Gott hat mir Hilfe gesandt!

So spielt das Leben

Manchmal werden wir im Leben zu Entscheidungen getrieben, die wir selbst in Frage stellen. Das ist das Karma! Wir kommen nicht um die Seelenabsprachen, die wir im Himmel trafen, herum! Wenn es so weit ist, fordert das Karma es ein!

„Muss das denn wirklich sein?", fragte mich meine Mutter, als ich ihr sagte, dass ich mich wegen eines anderen Mannes von meinem ersten Mann trenne. Ich litt unter der Trennung! Und leide noch immer!

Damals fragte ich mich auch, ob das wirklich sein muss, wie es auch meine Mutti fragte!
Liebe Mutti, heute weiß ich, was ich damals noch nicht wusste:
Ja, es musste sein!

Wenn das Karma kommt

..., haben wir keine Chance.
Die einzige Chance ist dann, dem Karma zu folgen und sich nicht zu widersetzen, was das Karma fordert!

Seelenabsprachen

Schon vor unserer Inkarnation treffen unsere Seelen Absprachen im Himmel, wobei wir uns im Leben unterstützen. Wenn es dann im Leben soweit ist, werden wir getrieben! Und haben keine andere Wahl mehr! Unsere Seelen treiben uns, unsere Absprachen einzuhalten.

Mit Gottes Hilfe

Unsere Absprachen werden von Gott gesegnet. Wenn das Schicksal kommt, bewahrt uns Gott nicht davor. Es ist ja unser Versprechen! Es ist ja unsere Seele!
Doch Gott steht uns bei!
Ich durfte, bevor ich in diese karmische Beziehung ging, mich mit Liebe auffüllen!
Mit Liebe aufgefüllt aus meiner ersten Ehe, mit meinem Seelenpartner, bekomme ich Energie aus meinem Herzen für meinen Weg!

Ich heile, mit Gottes Hilfe!

Botschaften deuten

Auf dem Parkplatz am Baumkronenpfad ging mein Drehsitz kaputt. Er drehte nicht mehr ins Auto. Mein Mann wollte zuerst mit unserem Sohn das Auto unseres Sohnes holen. Unser Sohn hat eine Rollstuhlrampe im Auto. Ich überredete meinen Mann, dass wir doch zuerst versuchen, dass ich auf einer hinteren Sitzbank ins Auto komme. Ich kann ja auf meinen Beinen stehen. Mein Sohn und mein Mann helfen beim Einsteigen. Mein Mann zweifelte. „Lass mir doch eine Chance!", bettelte ich. Mein Mann willigte ein. Und es ging besser, als er dachte! Es ging sogar besser, als ich selbst vermutete! Ich erkenne die Botschaft. Es geht auch ohne ständige Hilfsmittel!

Wir sind abhängig von dem, was wir brauchen

„Sei froh, dass Du deinen Rollstuhl hast!"
„Was es nicht heutzutage alles gibt", um Behinderten das Leben zu erleichtern!
Oft muss ich mir das anhören von Menschen, die auf ihren eigenen Beinen stehen und beide Hände benutzen, um mit Messer und Gabel zu essen!
Die ganzen Hilfsmittel, die wir brauchen, machen uns auch abhängig! Ohne meinen Drehsitz kann ich am Freitag nicht in die Therme!
Zu Hause reparieren mein Mann und mein Sohn den Drehsitz. Ich sitze im Rollstuhl daneben und verspreche, ich brauche dich nicht mehr lang!

Und da dreht er wieder!
Auch mit Last, mein Mann probiert es, indem er sich darauf kniet.
Die Fahrt in die Therme ist gerettet!
Noch brauche ich das Wasser, um zu laufen!
Alles was wir brauchen, macht uns abhängig!
Nur wer nichts mehr braucht, ist unabhängig und frei!
Ich bat neulich meinen Sohn, mir etwas Schönes aus der Stadt mitzubringen, als ich zur Ergotherapie war.
Mein Sohn schenkte mir eine Karte mit einer gezeichneten Hand. Die Finger sind bunt gestaltet. Auf der Karte steht ein Spruch: „Wer loslässt, hat die Hände frei."
Das gefällt mir sehr! Mein Sohn kennt mich und weiß, was ich mag!

Loslassen macht frei

Als mein Drehsitz kaputt war, konnte ich auch auf der hinteren Sitzbank im Auto transportiert werden.
Ich ließ meinen Behindertenkomfort los, dass mein Sohn mich mit der Rollstuhlrampe holt! Ich sagte, das geht auch auf dem Rücksitz, ich kann doch beim Umsteigen vom Rollstuhl ins Auto auf meinen Beinen stehen!
In der Kunsttherapie sagte ich meiner Therapeutin selbstzweifelnd: „Ob ich das malen kann?!" Ich zweifelte, dass ich einen Frosch malen kann. Ich ließ meine Zweifel los und malte einen schönen Frosch.
Und ich lasse das Karma los und bin mit Hilfe des Frosches aus der Ahnenlinie der Familie gelöst, in die ich eingeheiratet habe!

Ich bereue nichts mehr! Ich habe nur meine Seelenabsprache eingehalten!
Ich lasse alles los! Ich bin frei!
Der Frosch sitzt im Lotussitz auf meinem Bild.
Die Rune Naudhiz steht neben mir.

Notwendigkeit

Mein Seelenversprechen hat mich im Leben selbst in Not gebracht.
Wenn wir als Seelen etwas versprechen, meinen wir oft, alles sei ganz einfach!
Wenn dann das Schicksal kommt und wir in Not geraten, hoffen wir auf eine Wende! Das ist dann die Notwendigkeit!
Oft gelingt es uns als Mensch nicht allein! Dann wird Hilfe notwendig, um die Not zu wenden!

Gott ist notwendig

Gott war immer bei mir, und manche Not wendete sich!
Nicht immer wendet sich Leid in Sonnenschein.
Nicht immer endet eine Not.
Doch mit Gott wird manche Not erst erträglich. Somit empfinden wir die Not weniger intensiv. Und so wendet sich die Not, weil wir das Leid nicht mehr stark empfinden. Dann darf es einfach sein!
In Gott geborgen ist vieles erträglich.
Es ist notwendig, im dunklen Tal mit Gott zu gehen!
Dann ist immer ein Licht, das für uns leuchtet!

Ich habe festgestellt, dass es gerade in schwierigen Zeiten wichtig ist, mit Gott zu gehen! Mit Gott halten wir aus, hoffen wir, haben wir Zuversicht!
Gott ist absolut notwendig.

Gedicht: Gütiger Gott, Du bist meine Zuversicht!

Im dunklen Tal kann ich beruhigt verweilen.
Denn immer leuchtet für mich
ein Licht!
Gütiger Gott,
Du bist meine Zuversicht!
Darum fürchte ich mich nicht!
Ich sehe leuchten für mich
Gottes endloses Licht!
Wenn ich mich nicht mehr halten kann,
gütiger Gott,
dann hältst du mich!
Wenn ich nichts mehr sehen kann,
gütiger Gott sendest du mir Licht!
Gütiger Gott,
Du bist meine Zuversicht!

Gehalten

Mit meiner Physiotherapeutin spaziere ich durchs Wasser. Das passt sehr gut, im Element gehalten zu sein, das ich in der Kunsttherapie malen durfte.
Ich fühle mich gehalten im Wasser! Ein Stück laufe ich allein.
„Du kannst ganz allein laufen", sagt meine Physiotherapeutin, „Das ist doch viel schöner, als wenn ich immer vor dir hertänzele", sagt sie weiter.

Ich bin gehalten im Wasser: Gehalten in Gott!

Ich fühle mich gehalten und sehe, dass es möglich ist, wieder eigene Wege zu gehen! Da hat meine Physiotherapeutin in die psychologische Trickkiste gegriffen.

Eigene Wege fühlen sich schöner an, als wenn man jemand nur hinterherläuft.

Ich brauche nichts zum Festhalten! Weil ich in Gott gehalten bin!

Und Gott lässt mich meinen eigenen Weg gehen! Dafür bekomme ich Gottes Segen! Danke!

Angeschlossen

Vor der Nacht nehme ich Aqua amniota, um durch die Information der homöopathischen Arznei die Bewegung zu unterstützen, die im Wasser begonnen hat.

Unter der Wirkung von Aqua amniota gleite ich durch die Nacht.

Ich bin mit der Arznei wieder angeschlossen, an meine ursprüngliche genetische Ahnenlinie. Und meine Seele und mein Geist sind wieder angeschlossen, an Gott.

Ich bin wieder in meiner Essenz, die, die ich bin!

Ich gehe meinen eigenen Weg! Wie meine Physiotherapeutin sagte: „Das ist doch viel schöner, als wenn jemand vor mir hertänzelt!"

Das ist schöner, als anderen hinterherzulaufen!

Eigene Wege bewusst gehen

Es ist Wochenende! Ich muss nicht ewig im Bett herumliegen, bis endlich eine Krankenschwester zur Pflege kommt.

Frühstück auf der Terrasse! Nah in der Natur! Ich höre und fühle die Natur, die mich umgibt! Gottes Schöpfung! Von der auch ich ein Teil bin!

Mein Körper zeigt Symptome für Natrium muriaticum. Ich nehme die Arznei, die mein Konstitutionsmittel ist.

Als junge Frau hatte ich Neurodermitis. Natrium muriaticum löste eine extreme Erstverschlechterung aus. Ich blieb dabei und nahm die Arznei weiter. Dann heilte meine Neurodermitis und zeigte sich nie wieder! Am Anfang meiner Heilpraktikerausbildung, in meinem ersten Homöopathieseminar erfuhr ich mein Konstitutionsmittel. Und gleich war ich auf dem richtigen Weg, mit der Homöopathie!

Magisch hatte mich die Homöopathie angezogen! Und ich bin dem Ruf gefolgt, bin meiner inneren Führung gefolgt!

Wer der inneren Führung folgt, folgt der Seele! Und läuft nicht mehr anderen hinterher!

Dann werden wir eigene Wege bewusst gehen!

Neben mir auf dem Tisch liegen Glückskärtchen. Ich habe sie mir neulich nach der Ergotherapie in der Stadt, in einem Esoterikladen, auf dem Weg zum Abendessen gekauft. Ich hatte mich sehr gefreut, dass der Laden so spät noch geöffnet war und habe diese kleinen Kärtchen für mich gefunden!

Ich ziehe heute ein Kärtchen und lese: „Stehe zu dir und geh deinen Weg. Lebe dein Leben und nicht das der anderen. Denk daran, nur ein Weg ist der richtige: dein eigener!" Es passt genau zu meinem Thema, was mich im Moment bewegt! Ich lief im Wasser ein Stück allein. Meine Physiotherapeutin freute sich, dass ich es schaffte!

Schon immer wollte ich meinen eigenen Weg gehen! Auch früher ging ich meinen eigenen Weg! Als Heilpraktikerin entwickelte ich meine ganz eigenen Behandlungen! Ich musste es nicht machen wie andere! Die gab es ja schon!

Das Leben braucht keine mehr, wie die anderen schon sind! Das gibt es ja schon! Das Leben braucht meine Einzigartigkeit! Sonst wäre ich nicht an diesem Platz im Leben!

Dann wäre ich eine andere! Ich bin den Weg der Heilung gegangen, um mich ganz und gar zu leben! Auf meinem Kärtchen lese ich, dass es nur einen richtigen Weg gibt, der eigene! Genau so ist es!

Der richtige Weg

„Was ist richtig? Was soll ich nur machen? Leg mir doch mal die Karten! Oder mach ne schamanische Reise!", bettelten mich früher Klienten in meiner Praxis. Immer ermunterte ich die Menschen: „Fühle selbst! Geh deinen Weg! Was sich richtig anfühlt, ist richtig!"

Immer wieder stellte ich fest, dass die Menschen sich selbst am wenigsten vertrauen. Sie möchten von anderen das Rezept für ihr Leben! Und geben somit Verantwortung ab! Wenn dann etwas schief läuft, sind wir nicht selbst daran schuld! Sondern derjenige ist Schuld, der die Karten gelegt hat, oder die schamanische Reise machte!

Dabei kennt jeder seinen eigenen Weg am besten, weil unsere Seele den Plan hat und uns fühlt. Wir befragen nur andere, um sicher zu sein und stellen uns selbst gern „dumm", um nicht schuldig zu sein und nichts bereuen zu müssen! Doch wir müssen:

Verantwortung übernehmen

..., und wenn wir es in diesem Leben nicht schaffen! Dann dürfen wir es in einem nächsten Leben tun!

Meine neue Ergotherapeutin fragte mich in der ersten Therapiestunde: „Ist das ihr Ziel? Sie möchten wieder laufen?" Ich bejate ihre Frage und fügte hinzu: „Ich weiß, dass Sie nicht für mich laufen können! Ich muss selbst wieder laufen!" Sie können mich nur auf meinem Weg begleiten!"

„Das finde ich gut!", sagte die Ergotherapeutin!

Viele Therapeuten kennen es, dass die Ansprüche riesengroß sind, die kein Therapeut erfüllen kann!

Mit großen Erwartungen kommen Patienten zu Therapeuten. Und selbst sind sie schon mit einem täglichen Spaziergang überfordert!

Jeder hat selbst für sein Leben die Verantwortung! Auch ich!

Meine Physiotherapeutin begleitet mich ins Wasser. Laufen kann sie für mich nicht! Das muss ich selbst tun! Meine Physiotherapeutin stellt mir sozusagen den Raum bereit, in dem ich laufen kann!

Meine Kunsttherapeutin gibt mir Farbe und eine Unterlage! Sie stellt mir den Raum zur Verfügung, in dem ich meine Seele entfalten kann und mich kreativ ausdrücken kann.

Meine Ergotherapeutin schenkt mir Raum für Bewegung.

Die homöopathischen Arzneien geben die Information, mit der mein Körper sich selbst heilen kann.

Heilung kommt aus dem Inneren

Heilung muss in mir stattfinden. Sie kommt nicht von außen!

Äußerliche Maßnahmen können nur das Gesunde informieren.

Die Heilung selbst kommt aus dem Inneren!

Und ist vielleicht eine Antwort, eine Reaktion auf eine äußere Information.

In bester Gesellschaft

Andere Menschen können uns gut tun, uns inspirieren und somit gesunde Informationen zu uns bringen.

Meine Kunsttherapeutin hatte mir zum Geburtstag ein Picknick geschenkt.

Nun sitzen wir gemeinsam mit unseren Männern am Waldrand zu unserem Picknick. Westlich erleben wir den Sonnenuntergang. Südlich erkennen wir die Silhouette des Thüringer Waldes, mit dem Inselsberg. Mitten in der Natur, in Gottes Schöpfung genießen wir die gemeinsame Zeit, die wir verbringen. Wir genießen die Leckerbissen, die meine Kunsttherapeutin mit Liebe für uns zubereitet hat.

Man schmeckt es, wenn Dinge mit Liebe gemacht sind.

Ich genieße die leckeren Dinge. Ich erfreue mich an der wunderschönen Schöpfung. Ich genieße unser harmonisches Miteinander. Es ist alles stimmig! Im Stillen danke ich Gott für diesen wunderbaren Moment!

Ich fühle mich in bester Gesellschaft! Ich fühle mich in Harmonie! In Harmonie mit der Natur! In Harmonie mit den Menschen, mit denen ich hier verweile! In Harmonie mit dem Leben!

Ich bin in bester Gesellschaft! Ich fühle, wie sich Harmonie anfühlt.

Harmonisch leben

Vor der Nacht nehme ich Aqua amniota. Harmonisch gleite ich durch die Nacht.

Sonntagmorgen. Es regnet. Deshalb frühstücken wir in der Küche. Ich sehe zum Wald und erinnere mich an den gestrigen, schönen Abend, den wir dort mit Freunden verbringen durften.

Auch meinem Mann gefiel der Abend. Na bitte: Es geht auch ohne Computer, mit echten Menschen!

Echtes Leben

Wir haben echtes Leben gelebt. Wir haben mit echten Menschen geredet. Mein Mann hat nicht in den Computer gestarrt. Er hat mit echten Menschen echte Gespräche geführt! Ich freue mich, wenn er durch mein Leben aus seiner „Kapsel", aus Technik und virtuellen Informationen kommt und ins echte Leben einsteigt.

Im echten Leben, in dem man Mensch ist! In dem man gemeinsam mit anderen Menschen ist! Ins echte Leben, in dem man mit anderen Menschen redet und lacht! Ins echte Leben, in dem man fühlt!

Mein Körper zeigt mir Symptome für Natrium muriaticum. Ich nehme mein Konstitutionsmittel.

Ich möchte heute mit dem Mann meiner verstorbenen Freundin Marion telefonieren. Und wenn es für ihn passt, morgen eventuell mit ihm in den Friedwald zu Marion gehen. Mein Mann stimmt zu. Er hat nächste Woche Urlaub. Ich sehe aus dem Fenster in den Garten. Da fliegt vorm grün belaubten Kirschbaum ein weißer Schmetterling. Marion sendet mir ein Zeichen! Sie freut sich, wenn ich mich auf den Weg zu ihrer Grabstätte im Wald mache.

Ein Gespräch am Telefon mit Marions Mann, und wir verabreden uns für morgen Nachmittag.

Ich besuche morgen meine liebe Freundin im Friedwald. In Liebe fühle ich mich mit Marion verbunden. Liebe ist stärker als der Tod!

Ich werde mich auf den Weg zu Marion in den Friedwald machen! In Liebe! Wo Liebe ist, gibt es keinen Tot!

Ich mache mich auf den Weg ins echte Leben!

Oft, wenn ich an liebe Menschen im Jenseits denke, sehe ich weiße Schmetterlinge. Das ist dann die Botschaft, die mir die Lieben aus dem Jenseits senden!

Überall finden wir Zeichen und Botschaften. Wir müssen sie nur sehen!

Gedicht: Wir werden viel verstehen

Wir werden viel verstehen,
wenn wir beginnen zu sehen!
Zeichen und Botschaften
Werden uns gesendet!
Doch oft sind wir zu sehr verblendet!
Vom Glanz und Glimmer der Welt,
vom Streben nach Ruhm und Geld!
Was uns fehlt
ist das erwachte Erkennen!
Wir können es auch einfach
Fügungen nennen!

Fügungen

.... sind da, wo sich alles zusammenfügt! Wenn es passt!
Wenn ich in Liebe an meine verstorbene Freundin denke, gleichzeitig ein weißer Schmetterling fliegt. Und es mir dann möglich ist, gleich morgen die Grabstätte meiner Freundin im Friedwald zu besuchen! Dann fügt sich alles zusammen!
Wenn mir überall Frösche begegnen, ich in der Kunsttherapie einen malen darf, weil es zum Thema passt, und dann meine Physiotherapeutin verkündet, dass sie das Therapiebecken für mich gebucht hat! Dann sind das Fügungen! Es kommt alles zu mir, was passt! Es gibt keine Zufälle!

Wenn das Therapiekonzept meiner Ergotherapie nicht zu mir passt und keine Heilung bringt, und mein Neurologe eine Empfehlung hat, die sich als Segen herausstellt! Dann ist das kein Zufall! Das ist eine Fügung! Alles fügt sich zusammen!

Wenn sich alles zusammenfügt, geschieht Bestmögliches!

Überall werden uns Botschaften und Zeichen gesandt! Überall geschehen Wunder! Überall sind Fügungen!

Manche behaupten, es gäbe keine Fügungen! Es gibt keine Zeichen vom Himmel!

Ich behaupte: Es gibt Zeichen, Wunder und Fügungen!

Aber es gibt auch Menschen, die sie nicht sehen, weil sie blind sind für Gottes Welt!

Wer sehen will, muss zuerst hinsehen und die Augen öffnen!

Leider sehen heutzutage viele Menschen nach Ruhm und Geld!

Geschichte zwischendurch

Ein Mann sagt zu seiner Frau: „Ich habe noch kein Wunder gesehen!"

„Weil du Geld gezählt hast, als das Wunder geschah", antwortet die Frau.

Die Frau stillt ihr Kind und lächelt! Sie weiß, es ist ein Wunder, dieses kleine Wesen. Es ist ein Wunder, dass sie es nähren darf! Und ihr Mann? Sucht bei ebay einen günstigen Kinderwagen. Er findet nichts! Er glaubt auch nicht an Wunder! Und das Wunder, das gerade nebenan an der Brust seiner Frau geschieht. Das kann er nicht sehen! Schade!

Wir sehen das, wo wir hinsehen!
Der eine sieht ein Wunder, der andere hat es verpasst, weil er Geld gezählt hat oder den Hof gefegt hat.
Fügungen finden wir überall! Wunder geschehen!
Wer nicht an sie glaubt, hat oft nur nicht hingesehen!

Zauberwald

Ich bin mit meinem Mann und dem Mann meiner Freundin Marion im Friedwald. Im Elektrorollstuhl sitzend, stehe ich vor dem Moosbett unter dem Marions Urne begraben ist. Bucheckern liegen auf dem Moosbett. Der Mann meiner Freundin reicht sie mir. Ich halte sie in meiner Hand, ich nehme sie mit nach Hause! Ein Geschenk von meiner Freundin Marion aus ihrem Zauberwald! Ich finde tief in Entspannung. Ich fühle, Marion geht es gut, da, wo sie jetzt ist. Ich sitze neben dem Moosbett, unter großen Buchen. Alles ist wie ein Zauber. Ich fühle mich berührt von sanfter Weichheit. Ich bin in einem Zauberwald! Irgendetwas verändert sich in mir zum Guten! Ein Zaubersegen durchströmt mich. Ich lasse geschehen! Ich weiß, es ist gut!
Ich sehe immer wieder zum Moosbett, kann meinen Blick kaum davon wenden. Ich fühle mich verzaubert, in diesem Zauberwald! Etwas Magisches berührt mich ganz tief. Dann nehme ich Abschied vom Moosbettchen meiner Freundin. Ich sehe etwas Rotes schimmern, als tanzt eine kleine Elfe auf dem

Moosbett, im roten Kleid. Rot war die Lieblingsfarbe von Marion. Ich trage heute ihr zur Ehre ein rotes Shirt.

Dann fahren mich die Männer im Rollstuhl zurück durch den Wald. Am Ausgang segnet mich eine Waldelfe zum Abschied. Dann setze ich mich mit Hilfe meines Mannes in meinen Autodrehsitz! Dabei stehe ich kurz auf meinen Beinen und verneige mich vor dem Zauberwald, in dem ich verweilen durfte. Danke!

Zauberwaldtraum

Träume helfen uns, Tageserlebnisse in unser Unterbewusstsein aufzunehmen und zu verarbeiten.
Ich nehme vor der Nacht Helianthus annuus.
Ich träume:
Die kleine Elfe im roten Kleid tanzt auf dem Moos. Sie tanzt zu sanften Klängen, als würden Engel für die Elfe singen.
Dann erkenne ich meine Freundin Marion. Sie ist nicht tot! Sie lebt! Sie lebt als tanzende Elfe im Zauberwald! Und sie berührt nun als Elfe die Menschen! Die, die sie im Zauberwald besuchen und die, die träumen.
Ich verspreche der kleinen Elfe, dass ich sie in den nächsten Tagen malen werde und frage sie, ob sie mit malen möchte und mir hilft. „Gerne", sagt die kleine Elfe begeistert, „ich möchte so gern wieder einmal malen!"
Marion hat im Leben auch viel gemalt. Am liebsten mit rot!

Als ich in der Kunsttherapie roten Mohn malte, dachte ich an Marion. Sie hatte oft roten Mohn gemalt. Ein Bild mit rotem Mohn stand im Hospiz auf einer Konsole neben ihrem Bett. Ihr Mann hatte es ihr mitgebracht.

Wir haben beide gemalt. Und nie hat es sich ergeben, dass wir etwas gemeinsam malten. Nun ist es soweit. Meine Freundin Marion wird aus dem Jenseits mit mir malen! Ich freue mich darauf!

Es ist schon hell. Mein Mann bereitet in der Küche das Frühstück vor. Die Kaffeemaschine läuft. Und ich höre noch in meinem Inneren die Gesänge der Engel, zu der die kleine Elfe im roten Kleid tanzte!

Ein tröstender Gedanke! Es gibt keinen Tod, indem alles stillsteht! Auch der Tod ist Leben!

Tod ist Wandlung

Natürlich legen wir mit dem Tot unsere Körperhülle ab.

Doch es entsteht ein verwandeltes Leben. Geist und Seele verlassen die Körperhülle, und für Geist und Seele geht das Leben weiter!

Ich habe es selbst, mit eigenen Augen gesehen! Die Urne meiner Freundin ist in der Erde, unter dem Moosbett. Auf dem Moos tanzt die Elfe im roten Kleid!

Das war keine Einbildung! Das war Wirklichkeit!

Der Tot ist nicht das Ende! Der Tod ist nur eine Verwandlung! In eine andere Existenz! Und diese ist wahr!

Seelenverbindung kann nichts trennen

…, auch nicht der Tod.

Meine Freundin Marion malt mit mir das Bild. Es ist ihr Selbstbildnis, welches sie durch mich in die irdische Welt manifestiert. Die kleine Elfe im roten Kleid auf dem Moosbett. Wir malen den Hintergrund im zarten Magenta. Ein schützendes Himmelszelt und eine tragende Schale als Erde. Ich bin mit Marion eins. Ich fühle, wie sie meine Hand nutzt, um sich auszudrücken. Ich leihe meiner Freundin Marion meine Hand. Sie nimmt sie dankbar an. „Es ist so schön, dass ich malen darf! Danke!", sagt Marion. Und ich sehe ihr Lächeln und fühle eine sanfte Umarmung! Das ist ganz real, geschieht in diesem Augenblick.

Marion lächelt: „Danke, Marta!"

Ich sage ihr, dass ich das gern getan habe. Es machte mir große Freude mit meiner seelenverwandten Freundin zu malen.

Ich male danach noch ein Bild:

Mein Frosch, aus der Kunsttherapie kommt auf eine Leinwand, und er darf stehen. Marion malt noch einmal mit mir. Der Frosch bekommt durch Marion eine violette Aura, die ihn einhüllt! Violett ist die Farbe der Transformation!

„Das ist das Bild für deine Heilung, liebe Marta", sagt Marion, „dass du bald wieder läufst! Dann können wir zusammen tanzen!" Das haben wir im Leben auch nie getan. Wir haben nie zusammen getanzt.

Doch Seelenverwandte sind immer verbunden und:

Eins unterm Himmelszelt!

Gott hält uns unter seinem Himmelszelt geborgen, auf der Erde! Diesseits und Jenseits ist nicht getrennt. Das Jenseits ist hier, wo auch das Diesseits ist! Es ist nicht weg! Wir leben alle unter einem Himmel, und wir leben alle auf einer Erde!

Wir sind alle Eins! In Gottes Schöpfung ist alles Eins. Da ist nichts besser oder schlechter! Nur Menschen urteilen in gut und böse. In Leben und Tod!

Unter Gottes Himmelszelt ist alles Eins. In Gottes Schöpfung wurde das Urteilen nicht erschaffen! Das hat sich das Ego ausgedacht! Bei Gott gibt es kein Urteil! In Gottes Schöpfung ist alles Liebe!

Mein Mann säubert im Keller die Lichtschächte vor den Fenstern. Dann kommt er und hält in seiner Hand einen kleinen Frosch. Ich sage: „Setze ihn behutsam an den Gartenteich!" Mein Mann setzt ihn auf das Blatt einer Seerose!

Das Richtige kommt von allein

Da hat ein Frosch zu unserem Haus gefunden, während der Frosch mich auf meinem Heilweg begleitet! Das kann doch kein Zufall sein!

Wir müssen nicht suchen! Wir dürfen finden!

Auf meinem neuen Froschbild steht der Frosch im blaugrünen Wasser. Ein wenig Erde ist schon zu erkennen.

Ich kann im Wasser gehen!

„Ich bewege mich im Wasser und an Land", sagt mir der Frosch, „ das kannst Du auch!"

Aha ich verstehe die Botschaft des Frosches: Wer im Wasser gehen kann, kann es auch auf der Erde! Denn im Wasser ist es viel schwieriger zu gehen, weil ich ständig gegen die auftreibende Kraft des Wassers halten muss, um aufrecht zu gehen!
Vom Frosch lerne ich mehr, als ich in der Schule je gelernt habe! Das Leben ist der beste Lehrmeister, den es gibt! Wenn man sich aufs Leben einlässt! Ich lasse mich ein und verlasse mich, dass das Richtige kommt und geschieht, zur richtigen Zeit!

Alles hat seine Zeit

Manchmal brauchen wir viel Geduld! Seit sechs Jahren sitze ich im Rollstuhl und hoffe, wieder laufen zu können! Dann braucht es Geduld! Durchhaltevermögen!
Ich sagte zu einer Freundin, die auch sehr ungeduldig ist, dass ich gerade lerne, geduldig zu werden!
Es hilft mir nicht weiter, wenn ich ungeduldig bin und mit meinem Schicksal hadere! Es ist, wie es ist! Ich kann es nicht ändern! Was ich nicht ändern kann, nehme ich hin! Ich nehme es an, wie es ist und vertraue darauf, dass nichts für immer bleibt! Denn:

Das Leben ist Wandlung und Entwicklung

Wir werden als Babys geboren, bleiben aber nicht das Baby, wir lernen laufen, sind Kinder, werden Erwachsene. Wir leben, bis wir alt sind, und dann sterben wir, falls das nicht schon vorm Alter geschieht! Wir wandeln und entwickeln uns immer weiter, sogar noch nach dem Tod.

Gestern, im Friedwald meiner Freundin, lagen die Früchte der Buchen im Moosbettchen. Auch das Leben unserer lieben Verstorbenen hat Früchte. In einem Gläschen, neben mir, liegen die Bucheckern. Ein klitzekleines Moosfädchen hat sich mit eingewoben. Das sind die Geschenke meiner Freundin. Sie hat sich weiter im Jenseits entwickelt und schenkt mir etwas von ihren Früchten! Danke! Heute haben wir gemeinsam zwei Bilder gemalt! Die Jenseitige und die Diesseitige haben ein geistiges Werk erschaffen!
Ich bin nicht stolz darauf! Stolz ist nur ein Ego!
Ich bin in Freude und Liebe über unsere beiden Bilder!
Durch die Verbindung zu meiner verstorbenen Freundin im Jenseits, erfahre ich, dass Entwicklung und Wachstum auch im Jenseits ist.

Wachstum ist ewig

Wachstum endet nicht mit dem Tod.
Wachstum ist in der Ewigkeit!
Wir wachsen stetig weiter.
Im Leben meinen einige ältere Menschen, sie hätten Lebenserfahrung und haben somit nichts mehr zu lernen.
Wir lernen, wachsen und entwickeln uns auch im Alter.
Wir wachsen ewig, wenn wir uns auf das Leben einlassen.
Wachstum hört nicht auf, wenn ein Ziel erreicht ist.
Wachstum ist nicht nur zielorientiert. Wachstum ist ewig, wie das Leben.

Täglich wachsen wir.
Die, die das Leben annehmen, wachsen mit dem
Leben! Augenblick für Augenblick!

Gedicht: Wir wachsen in Ewigkeit

Jeden Augenblick
wachsen wir
Stück für Stück!
Wir wachsen im Leben,
mit Gottes Segen!
Wir wachsen in Ewigkeit!
Hinaus über Zeit und Leid!
Wir wachsen,
wenn wir sind zum Leben bereit,
bis in alle Ewigkeit!

Urvertrauen heißt in Gott geborgen fühlen

…, und dass alles richtig ist, wie es ist und alles zu
seiner Zeit geschieht.
Im Stehtrainer ziehe ich die Rune Ingwaz. Ingwaz ist
das Urvertrauen, die kosmische Gebärmutter. Alles
liegt in der kosmischen Gebärmutter und wird
geboren, wenn es richtig ist.
Im Gottesdienst sagte meine Kunsttherapeutin: „Wir
erheben uns, wer kann, zum Gebet"!
Ich wurde zurück in den Rollstuhl gedrückt. Später
erzählte ich das meiner Kunsttherapeutin. „ Dann ist
es noch nicht soweit!", antwortete meine
Kunsttherapeutin. Wir wissen beide, dass alles in
Gottes Hand liegt und geschehen wird, wenn es die
Zeit dafür ist! Und nicht, wenn es unser Ego will!

„Dein Wille geschehe", heißt es im Vaterunser.
Es geht nicht um unser Ego.
Wir sind eingebettet in den kosmischen Plan! Aus der kosmischen Gebärmutter werden die Dinge geboren, wenn es so weit ist! Da nützt es nichts, wenn wir daran ziehen! Wir können es nicht beschleunigen!
Urvertrauen heißt auch, es in der kosmischen Gebärmutter lassen zu können, bis es geboren wird! Und das auch geduldig auszuhalten!
Urvertrauen schenkt Geduld! Denn im Urvertrauen wissen wir, dass es geboren wird! Dann müssen wir nur noch im Vertrauen warten!
Wer im Vertrauen ist, hält alles im Leben aus!
Sechs Jahre schon sitze ich im Rollstuhl und warte, dass ich wieder gehen kann!
Und sechs Jahre bin ich im Vertrauen, dass ich wieder gehen werde! Ich weiß nicht wann, aber ich weiß, dass es geschieht! Weil ich mich in Gott geborgen fühle!
Ich nehme abends die homöopathische Arznei Aqua amniota!

Eingehüllt

Ich gleite eingehüllt durch die Nacht! Von meinem Bett aus sehe ich meinen Frosch, den ich mit meiner Freundin Marion malte. Der Frosch ist eingehüllt! Über ihm wölbt sich der Himmel, unter seinen Füßen öffnet sich die Erde zu einer Schale als ein Teich. Da steht der Frosch sicher im Wasser des Teiches unterm Himmelszelt, umgeben im violetten Licht, ist er in Wandlung, Transformation!

Rechts über mir hängt die Leinwand mit der tanzenden Elfe im roten Kleid. Sie steht in einer Schale der Erde, die mit Moos gebettet ist. Das Himmelszelt wölbt sich wie ein Schutzschirm über sie! Eingehüllt, zwischen Himmel und Erde!
Aqua amniota wirkt in mir und hüllt mich ein!

Gedicht: In jedem Augenblick!

Gebettet auf Mutter Erde!
Behütet unterm Himmelszelt!
Getrost werde,
alles in der Lebenswelt!
Sein im Leben,
in Gottes Segen!
Möge werden auf Erden
Lebendiges Glück,
in jedem Augenblick!

Glück

… trifft uns nicht von außen! Glücklich machen uns nicht die Umstände, in denen wir leben!
Glück ist ein Gefühl, das in uns entsteht!
Ich sitze seit sechs Jahren behindert im Rollstuhl. Für viele undenkbar. Viele meinen, ich müsse aufgrund meiner Behinderung unglücklich sein!
Bin ich aber nicht!
Ich bin glücklich! Ich fühle mich glücklich. Das glückliche Gefühl entsteht in mir!

In jenseitiger Begleitung

Mein Mann hat diese Woche noch Urlaub.

Wir fahren nachmittags in unsere Kreisstadt. In der Stadt gibt es viele verschiedene Gärten. Es ist eine Stadt zum Erholen. Meine jungen Erwachsenenjahre habe ich in dieser Stadt verbracht. Im Krankenhaus der Stadt lernte und arbeitete ich als Krankenschwester. Hier verbrachte ich eine glückliche Zeit.

Heute schiebt mich mein Mann im Rollstuhl durch den Rosengarten der Stadt. Rosen blühen. Skulpturen von einem Künstler aus der Stadt sind schön anzusehen. Ich hatte den Künstler einmal persönlich in seinem Atelier kennen lernen dürfen.

Ein weißer Schmetterling fliegt immer in meiner Nähe. Meine Freundin Marion. Sie ist in dieser Stadt aufgewachsen. Wir haben zusammen als Krankenschwestern auf der Unfallstation des Krankenhauses gearbeitet und wurden Freundinnen. Auch viel Freizeit verbrachten wir zusammen, mit unseren Männern.

Vor der Wende zog Marion mit ihrem Mann in den westlichen Teil Deutschlands. Regelmäßig besuchte sie ihre Eltern in der Stadt. Manchmal trafen wir uns. Wir trafen uns manchmal zum Frühstück in einem kleinen Kaffee der Stadt. Oder wir gingen zusammen Abendessen.

Ich sagte einmal zu Marion: „Wir sollten mal durch den Rosengarten flanieren! Dort können wir nachmittags auch Eis essen und Kaffee trinken", es kam nie dazu.

Heute rollt mich mein Mann im Rollstuhl durch den Rosengarten und Marion ist aus dem Jenseits als weißer Schmetterling dabei. Auch beim Eisessen flattert der Schmetterling über den kleinen Teich, auf den ich sehe.

Als mein Mann vor Jahren mal an einem Wochenende zu einem Firmenausflug war, fuhr ich am Samstagvormittag mit meinem Sohn und meinem Vater ins Thermalbad. Mein Sohn freute sich, dass er endlich seinem Opa zeigen konnte, wie er schwimmen kann. Am Nachmittag fuhren wir in den Rosengarten. Mein Vater liebte Rosen. Er hatte auch selbst viele Rosen in seinem Garten. Wir hatten einen schönen Tag: Mein Vater mit seiner Tochter und seinem Enkelsohn.

Ich denke an diesen Tag. Da fliegt neben dem weißen Schmetterling ein zweiter weißer Schmetterling! „Vati?", frage ich leise. Da setzt der Schmetterling sich auf eine rote Rosenblüte und schlägt mit den Flügeln. Der Duft der Rose berührt mich sanft einen Moment.

Mein Vater hatte in seinem Garten eine rote Kletterrose, die herrlich duftete. Manchmal holte ich mir ein paar Blüten in eine Vase. Der Duft durchströmte dann das ganze Haus.

In jenseitiger Begleitung bin ich heute im Rosengarten.

Als ich mit meinem Drehsitz im Auto bin, knackt der Sitz wieder und hört sich ungesund an. Später ruft mein Mann den Einbauer an. Morgen kann er in den Fachbetrieb kommen. Das ist gut!

Den Jenseitigen einen Platz im Hier geben

Auf dem Heimweg holen wir noch in einem Blumengeschäft Nelken. Nelken waren die Blumen des Hochzeitsstraußes meiner Mutter. Wir bringen die Blumen abends noch auf den Friedhof. Meine Eltern haben morgen Hochzeitstag.

Auf dem Heimweg vom Friedhof treffen wir meinen Cousin. Er erinnert sich noch an die Silberhochzeit meiner Eltern. Mit Live-Musik einer Band gab es eine große Feier. Es wurde getanzt und gelacht. Meine Eltern waren lebensfrohe Menschen, die ihr Glück gern mit anderen teilten.
Meine Eltern waren bei anderen sehr beliebt. Sie pflegten Kontakte und hatten Freunde.
Zu Familienfeiern holte meine Mutti oft ihre Ziehharmonika, stimmte ein Liedchen an und alle sangen mit!
Zur Silberhochzeit gab es eine Live-Band. Und es wurde getanzt. Ich war mit meinem ersten Mann dabei! Wir schenkten rote Nelken. Meine Mutti bekam ein Silberkränzchen für ihr Haar, mein Vater eine Silberne Nadel an seinen Schlips. Wir tanzten und feierten ein großes Fest!
Ein besonderes Fest für besondere Menschen!
Meine Eltern waren besondere Menschen! Sie hatten nichts studiert und waren so weise! Sie waren bei allen beliebt, so, wie sie waren! Sie waren lebendig, fröhlich und versprühten Glück!
Heute ist ihr Hochzeitstag.

Nelken stehen auf ihrem Grab! Und ich bin überzeugt, dass sie die Nelken sehen, wo sie jetzt sind! Und dass sie sich freuen, dass ihre Tochter an sie denkt!

Sie sind nicht vergessen!

Auf dem Grabstein steht: „Unvergessen"!

Ich gebe meinen lieben Eltern einen Platz in meinem Leben! Ihr guter Geist begleitet mich!

Wer einen Platz im Herzen seiner Nachkommen hat, ist nicht tot!

Ich hatte im Leben eine gute Beziehung zu meinen Eltern, habe sie in ihren letzten Lebensstunden begleitet und war für sie da! Ich bin dankbar dafür!

Meine Eltern sind mir auch jetzt, aus dem Jenseits noch nah!

Sie haben aus dem Jenseits ihren Platz, hier, in meinem Leben!

Energiegeschenke

Ich sehe von meinem Bett aus meinen Frosch. Er steht auf seinen Beinen und sieht mich an, mit seinen großen Augen.

Er erklärt mir, dass er im Wasser und an Land laufen kann. Das ist die Energie, die er mir schenken möchte.

An Land sei es sogar leichter zu laufen, da man nur sich selbst bewegen muss.

Im Wasser muss man vor sich das Wasser mitbewegen!

Ich fühle, wie der Frosch die Energie der Bewegung auf mich überträgt. Dankbar nehme ich dieses Energiegeschenk an.

Der Frosch, den mein Mann im Lichtschacht im Keller fand und an den Gartenteich auf ein Seerosenblatt setzte, ist verschwunden.
Und ich verstehe:
Der Frosch ist das Symbol für meinen ersten Mann!
Ich möchte meinem ersten Mann gern sagen, dass es mir leid tut, dass ich ihn, während unserer Trennung so verletzt habe.
Mein Mann würde mich zu meinen Exmann fahren, wenn ich laufen kann. Dann kann ich mit ihm reden.
Ich hatte schon einige Male darum gebeten. Doch mein Mann bleibt stur.
Erst, wenn ich laufen kann!
Nun kam ein Frosch aus dem Lichtschacht! Ein verzauberter Prinz? Mein Exmann?
Der Frosch am Gartenteich ist verschwunden! Wo ist er hin?
Im Traum kommt ein kleines Mädchen und sagt: „Ich war es! Ich habe Blumen gestreut!"
Ich erinnere mich an die Hochzeit mit meinem ersten Mann: Im Januar! Wir gingen zur Kirche. Der Fußweg glitzerte. Ich sagte zu meinem damaligen Mann: „Schau, da hat jemand Blumen gestreut!"
Überall waren Eisblumen auf dem Gehweg! Wir sahen uns lächelnd, wissend an! Wir glaubten beide, dass wir himmlische Unterstützung und Führung haben! Wir glaubten, dass Gott da ist. Wir gingen über die Eisblumen in die Kirche zum Traualtar! Dort sagte ich: „Ja, mit Gottes Hilfe!"
Nun ist da dieses kleine Mädchen! Es nimmt meine Hand!

Gedicht: Ich habe sie wieder erkannt

Ein kleines Mädchen kommt im Geist an!
Sanft nimmt es meine Hand!
Und sagt: „Gott hat mich gesandt!"
Ich hab sie jetzt erkannt!
Sie hat Eisblumen gestreut!
Über sie ging ich in großer Freud!
Nun ist sie wieder da!
Sie war nicht weg,
nur unter einer Seerose versteckt!
Der Frosch hat sie aufgeweckt!
Das Mädchen ist wieder da!
Sie hat nicht vergessen, wie ihr Auftrag war!
Gott hat die Kleine gesandt!
Ich habe sie wieder erkannt!
Sie war mein Kind in einem früheren Leben!
Sie ist wieder da mit Gottes Segen!
Sie hat schon Blumen auf den Weg gebracht!
Durch den Frosch ist sie aufgewacht!

Aus einem früheren Leben

Manchmal treffen wir einen Menschen und fühlen uns sofort vertraut! Wir kennen uns doch! Woher? Das kann auch aus einem früheren Leben sein!
Ich kam als Krankenschwester zum Nachtdienst auf meine Unfallstation. Ein Neuzugang! Ein junger Mann! Sein Bein war gebrochen! Er hatte starke Schmerzen! Ich gab ihm eine Spritze gegen die Schmerzen. Tränen liefen aus seinen Augen. Ich streichelte über seine Wange und sagte: „Es wird gleich besser!"

Dann ergriff er meine Hand, hielt mich fest und sah mich mit strahlenden, blauen Augen an. „Danke!", sagte er und lächelte. Ich zog einen Stuhl heran und setzte mich an sein Bett. „Oh ja, bleib bitte noch ein bisschen!", bat er mich. Ich blieb! Woher kenne ich ihn? Ein paar Tage später kam er aus seinem Zimmer zu mir in den Aufenthaltsraum der Station. Wir rauchten. Sanft streichelte er meinen Rücken! Bald küssten wir uns. Dann wurde er als geheilt entlassen. Wir besuchten uns gegenseitig. Wir wohnten beide noch bei unseren Eltern. Wir wurden ein Paar, nahmen uns eine gemeinsame Wohnung. Zwei Jahre später gingen wir auf Eisblumen, mitten im Januar zum Traualtar!

Aber wir kennen uns schon viel länger, als die paar Jahre in diesem Leben.

Ich lebte in einem Kloster. Er war der Gärtner im Kloster und brachte uns Rosenblüten. Aus ihnen entstanden heilende Öle und Essenzen.

Der Gärtner läutete abends die Glocken. Dann wussten alle, das Tagwerk ist vollbracht! Es ist Feierabend! Und dann ging der Gärtner in seine Hütte, in der ein Bett, ein Stuhl und ein Tisch standen.

Da saß er jeden Abend auf seinem Stuhl und wartete! Er wartete auf das leise Klopfen am Fenster. Dann öffnete er die Tür! Für Schwester Marta, aus dem Kloster! Für mich! Ah, daher kannte ich den Patienten, den ich auf der Unfallstation wieder traf!

Im Kloster wurde Schwester Marta schwanger, der Gärtner ist der Vater! Ein kleines Mädchen wurde geboren und versteckt! Mutter Oberin zog sie auf.

Und in diesem Leben streut das kleine Mädchen Eisblumen, mitten im Januar, zur Hochzeit ihrer Eltern, aus einem früheren Leben.

Und nun erscheint mir die Kleine. Sie hatte sich unter einer Seerose versteckt! Jetzt hat sie der Frosch wach geküsst!

In der Akasha-Chronik steht die Geschichte beschrieben.

Das kleine Mädchen hat in diesem Leben keinen Körper! Es lebt in geistiger Form!

Sie ist der Beweis, dass Leben sich nicht ausschließlich über einen Körper definiert!

Der Geist ist Leben

…, wobei der Körper nur die Hülle für Geist und Seele ist! Der Körper ist die Hülle, in der Leben stattfindet!

In der Kunsttherapie malte ich einen Frosch! Ich malte eine Hülle, in der Leben stattfindet! Der Frosch schenkte mir seine Energie als Leben! Nicht als Hülle!

Eine Taube fliegt in den Kirschbaum! Ist das ein Zeichen meiner Tochter aus dem früheren Leben, die in diesem Leben zur Hochzeit ihrer Eltern Blumen streute?

Mein erster Mann war Bauarbeiter, als ich ihn kennen lernte. Er hatte diesen Beruf gelernt. Und im ersten Beruf war er ausgebildeter Gärtner! Zufall?

Unsere gemeinsame Tochter aus dem früheren Leben ist jetzt an meiner Seite! Der Frosch aus dem Lichtschacht hat sie wach geküsst! Mein Mann, wegen dem ich mich von meinem ersten Mann trennte, fand den Frosch und brachte ihn zur Seerose! Zufälle?

Oder:

Karma erlöst

Meine Seele versprach der Seele meines Mannes, ihm ins Licht zu helfen! Dafür gehen wir beide diesen gemeinsamen Weg!
Immer mehr wird deutlich, dass sich mein Mann aus der Dunkelheit seiner Herkunftsfamilie löst und zum Licht erwacht.
Mein Mann ist mit unserem Auto wegen meines defekten Drehsitzes in der Fachwerkstatt.
Gestern bat ich meinen Mann, er solle seine Mutter anrufen, dass sie in der Zeit bei mir ist, um mir den Schieber zu reichen, wenn es nötig ist. Doch mein Mann wollte das nicht und lehnte es ab!
Er möchte nicht, dass die dunkle Energie seiner Herkunftsfamilie weiter in unser Leben wirkt! Das Karma erlöst sich für ihn! Die dunkle Energie ist zurück geblieben!
Die Energie wird nicht mehr weiter mitgetragen und löst sich auf!

Vollendung

Das Karma ist erlöst. Weil es vollendet ist!
Mein Mann ist aus der Werkstatt zurück. Mein Drehsitz ist repariert und funktioniert wieder! Vollendung!

Es ist Vollmond im Sternzeichen Fische! Eine spirituelle Vollendung!

Nachmittagskaffee auf der Terrasse! Eine Taube gurrt im Kirschbaum! Meine Tochter aus dem früheren Leben hat in diesem Leben Eisblumen gestreut und sitzt jetzt neben mir, im Baum!

In meinem Stehtrainer ziehe ich eine neue Rune. Die Rune Fehu kann mich jetzt unterstützen. Ursprünglich steht Fehu für das Vieh. Früher bedeutete es Reichtum für den, der Vieh hatte.

Fehu ist materielle Fülle. Fehu gibt auch Kraft, etwas zu vollenden!

Wie der Mond sich heute als Vollmond vollendet zeigt. Kommt Fehu als Rune der Vollendung zu mir!

Ich versprach einst als Seele einer anderen Seele, ihr ins Licht zu helfen und somit die dunkle Karmaenergie zu erlösen! Ist diese Verabredung unserer Seelen vollendet?

Fehu zeigt es an! Der Vollmond in den Fischen zeigt spirituelle Vollendung! Ich habe meine geistige Tochter von Gott gesandt an meiner Seite!

Ich habe sie erkannt! Sie hat Eisblumen gestreut und ist jetzt da und begleitet mich sanft!

Der Frosch, den ich sitzend in der Kunsttherapie malte, ist auf meiner Leinwand aufgestanden und geht weiter! Im Wasser zu laufen ist schwieriger, weil man das Wasser vor sich mitbewegen muss, erklärte mir der Frosch! Es ist vollendet, der Frosch kommt an Land!

Der Mond ist der Erde jetzt besonders nah. Deshalb wirkt er sehr groß! Der erste Tag und der letzte Tag in diesem Monat waren Vollmondtage!

Am letzten Vollmond kommt Fehu als Rune! Die Vollendung!

Mit Homöopathie in die Vollendung

Mein Körper zeigt Symptome für Natrium muriaticum. Ich nehme mein Konstitutionsmittel abends und am nächsten Vormittag. Das Kummermittel und Loslassmittel in der Homöopathie! „Lasse los und fühle dich", lautet die psychologische Botschaft nach Antonie Peppler.

Ich fühle meinen Körper wieder als Ganzes. Die linke Seite ist noch gelähmt, doch ich nehme sie wieder als zu mir gehörig wahr.

Ich fühle meinen Körper wieder komplett.

Meine Physiotherapeutin bitte ich, mir meine Halswirbelsäule zu behandeln. Da verspüre ich oft Schmerz. Nach der Behandlung fühlt sich mein Nacken leichter an. Ich kann den Kopf leicht drehen und bewegen.

Meine Physiotherapeutin sieht meinen Frosch auf der Leinwand auf seinen Beinen stehen. Ich berichte ihr vom Frosch, der mir sagte, gehen sei im Wasser viel schwerer, da wir auch noch das Wasser vor uns bewegen müssen. Der Frosch meinte, das Gehen ist leichter an Land!

Meine Physiotherapeutin unterstützt mental die positive Energie. Sie lässt mich fühlen, dass sie an mich glaubt, dass ich bald laufen werde! Solche Menschen tun einfach gut. Menschen, die positive Energie verströmen! Gerade Therapeuten sollten ihren Patienten etwas Positives vermitteln und ihnen Mut machen! Dann unterstützen sie die Heilung!

Therapie unterstützt

Die Heilung selbst findet in jedem Menschen statt.
Kein Arzt, kein Heilpraktiker, kein Therapeut, kein
Heiler kann einen anderen heilen.
Heilung geschieht in jedem Menschen selbst!
„Mir ist klar, dass sie nicht für mich laufen können.
Ich muss selbst laufen", sagte ich neulich überzeugt
zu meiner neuen Ergotherapeutin. Das gefiel meiner
neuen Ergotherapeutin.
Gute Therapeuten sind sich bewusst, dass sie keinen
anderen heilen können.
Therapien können die Heilung lediglich unterstützen
und begleiten!
Ehrfürchtig stand ich als Krankenschwester und
später als Heilpraktikerin daneben, wenn Heilung
geschah! Ich war mir immer bewusst, dass ich die
Heilung nicht vollbracht habe! Der Mensch hat sich
selbst geheilt, während ich ihn dabei begleiten
durfte!

Im Ego gefangen

Therapeuten, Ärzte und Heilpraktiker, die glauben,
dass sie die Heilung vollbringen, sind in ihrem Ego
gefangen.
Ich erinnere mich:
Ich war zur Kontrolluntersuchung in meiner
neurologischen Klinik.
Mein Mann schob mich im Rollstuhl durch einen Flur.
Ein Arzt kommt uns im wehenden Kittel entgegen.
„Dein Lebensretter", sagt mein Mann. Es war der
Arzt, der mich nach meinem Schlaganfall operierte.

Stolz blickte der Arzt zu mir in den Rollstuhl von oben herab.

Ich sagte zu meinem Mann laut: „Nein! Mein Lebensretter ist da oben!" Mit der Hand zeige ich zum Himmel!

Mein Lebensretter ist Gott! Gott hat mir ein neues Leben geschenkt! Und Gott erscheint nicht im wehenden Kittel und schaut stolz von oben herab zu mir in den Rollstuhl! Gott braucht diesen ganzen Egokram nicht! Gott schenkt bedingungslos Leben und Liebe!

Ich erinnere mich an die Chefin meiner ehemaligen Ergotherapie. Sie glaubte nur an sich und ihre Therapie. Wenn etwas anderes Gutes bewirkte, dann wurde es schlecht geredet! Spiegeltherapie bringt nichts! Und dass ich im Wasser laufen kann, zweifelte sie an! Nur, was sie tut, ist richtig! Voll im Therapeutenego gefangen, erlebte ich diese Ergotherapeutin!

Und als Patientin erlebte ich, dass gerade diese Therapie mich überhaupt nicht weiterbrachte!

Ich erinnere mich an einen ehemaligen Patienten, der meinte, selbst ein Heiler zu sein. Dazu fühlte er sich berufen! Anfänglich besuchte er mich in der Reha und wollte nun endlich mal zeigen, wie er heilt. Als ich dann keine Besuche mehr wünschte und sie ihm untersagte, reagierte er sehr barsch. Er war „eingeschnappt"! Voll im Ego gefangen! Da wollte doch einer der kleinen Heilpraktikerin nun mal zeigen, wie das richtig geht! Sogar ein homöopathisches Mittel hatte er extra für mich mitgebracht und war überzeugt, dass es mir hilft!

Es ist schade um jede Minute Lebenszeit, die man mit Menschen verbringt, die in ihrem Ego gefangen sind! Das ist nur:

Verschwendete Lebenszeit

..., und dafür ist die Lebenszeit zu kostbar.
Um sie zu verschwenden! Dafür hat uns Gott unsere Zeit nicht geschenkt!
Nach meinem Schlaganfall hat Gott mir ein zweites Leben geschenkt!
Aus dem Koma erwacht, habe ich mir selbst versprochen, keine Lebenszeit mehr zu verschwenden!
Ich gehe nicht mehr in meine ehemalige Ergotherapie, um herum zu stehen, zu versteifen! Und meine kostbare Lebenszeit zu verschwenden! Ich gehe in eine andere Ergotherapie, in der ich in Bewegung kommen darf! Und dafür gebe ich gern etwas von meiner Lebenszeit! Denn hier erlebe ich, dass es mich weiterbringt!

Wir machen in unserer Straße jedes Jahr ein Straßenfest. Es hat sich in den letzten Jahren entwickelt, dass viele der anwohnenden Familien ihre Angehörigen zu dem Straßenfest mitbringen. Bei dem einen Nachbarn sind es die Schwiegereltern, die an unserem Straßenfest dabei sind. Bei dem anderen Nachbarn kommen Kinder und Enkelkinder. Ich muss nicht dabei sein, wenn meine Nachbarn Familienfeste feiern! Ich kenne die Menschen nicht und habe mit ihnen nichts zu tun! Es ist für mich verschwendete

Zeit! Deshalb bin ich in diesem Jahr nicht beim Straßenfest dabei!

Ich habe mir geschworen, meine Lebenszeit nicht mehr zu verschwenden! Und das tue ich jetzt! Ich nutze meine Lebenszeit für das, was ich liebe und was mir Freude macht.

Ich werde keine Zeit mehr verschwenden!

Lebensschwur

Als ich aus dem Koma erwachte, habe ich mir selbst geschworen:

Nie mehr werde ich Lebenszeit verschwenden! Ich mache nur noch das, was ich liebe, was mir Freude bereitet.

Das ist mein Lebensschwur!

Ich habe mir geschworen:

Ich werde zu meinen Exmann gehen, um ihm zu sagen, dass es mir Leid tut, dass ich ihm so wehtat! Es ist lange her! Wunden heilen, aber:

Narben bleiben

Und da sind noch die Narben in meinem Herz! Der Trennungsschmerz von meinem Seelenpartner!

Narben bleiben! Sie verheilen nicht! Sie bleiben und erinnern uns immer an das, was war!

Narben können wir nicht einfach auslöschen! Sie bleiben immer da! Sie sind wie ein Denkmal!

Ich male die Fehu-Rune. Neben der Rune brennt ein Feuer. Fehu steht im Element Feuer. Am Himmel leuchtet der Vollmond! Er zeigt die Fülle, die Vollendung, für die Fehu steht.

Und ich male ein zweites Bild. Mein Kind aus einem
früheren Leben, dem ich aus meiner Liebe zu meinem
Seelenpartner einen Körper schenkte.
In diesem Leben streute es aus der geistigen Welt
Eisblumen, als wir zum Traualtar, zur Kirche gingen!
Mein damaliger Mann und ich sahen uns damals an.
Wir wussten beide, die Blumen sind für uns vom
Himmel geschickt!
Heute ist dieses kleine Mädchen als geistiges Wesen
bei mir!
Ich male sie. Der Hintergrund ist magenta. Das
Mädchen steht im violetten Kleid auf fester Erde
unterm Himmelszelt, das sich wie ein Schirm über sie
wölbt!
Während ich male, wird mein Herz warm und weit!
Die alten Narben verblassen!
In unserer Ehe hatten sich mein erster Mann und ich
geschworen, für immer zusammen zu sein. Doch das
für immer ist zerbrochen, als das Karma mich
aufforderte, meine Seelenabsprache einzuhalten.
Da kam ich nicht drum herum! Saturn, der große
Prüfer, steht in meinem Horoskop im
Partnerschaftshaus! Saturn prüft, er entlässt mich
nicht so einfach!
Als ich aus dem Koma erwachte, schwor ich auch,
meinem Exmann zu sagen, dass es mir Leid tut. Das
ist nicht einfach! Denn ich brauche dafür meinen
Mann, der mich im Auto zu meinen Exmann bringt.
Und das tut mein Mann erst, wenn ich laufen kann!
Während ich Fehu male, fühle ich deutlich, dass erst
dann das Thema meiner ersten Ehe heilt! Und dass

erst dann die Narben verblassen und diese Liebe vollendet ist!

Nur was in Liebe endet ist vollendet ganz

Mein ehemaliger Mann wollte die Trennung nicht. Ich war vom Karma getrieben und wollte die Scheidung. Wir verletzten uns, taten uns weh! Verwundungen der Seele heilten, Narben bleiben.

Das Ende unserer Beziehung war Schmerz und Verwundung! Nun möchte ich sagen: „Es tut mir leid!" Ich bereue aufrichtig und möchte das Ende heute in Liebe stellen. In Liebe Abschied nehmen! Das habe ich vor dreißig Jahren nicht geschafft! Das möchte ich heute tun!

Was geschehen ist, kann ich nicht ändern! Aber ich kann aus dem alten, schmerzenden Ende jetzt ein liebevolles Ende gestalten. In Liebe verabschieden! Dann darf es gut sein!

Dann ist es vollendet! Fehu, die Rune der Vollendung begleitet mich.

Solange ein Ende in Schmerz und Verletzung besteht, bleiben Narben! Und es kommt nicht wahrlich zur Vollendung!

So können wir die Sache nicht ruhen lassen, nicht damit abschließen! Dann finden wir keine Ruhe, keinen Frieden.

Das ist wie bei Bestattungen. Findet eine Bestattung in Liebe statt, können wir in Liebe Abschied nehmen! Dann schließen wir Frieden! Und können in Liebe weiterleben! Weitergehen!

Bewusst gehen: Ganz bewusst in Liebe Abschied nehmen! Dann ist ein Stück vollendet ganz!

Bewusst möchte ich heute in Liebe Abschied nehmen, weil ich es vor dreißig Jahren nicht konnte! Doch mein Mann kann das nicht verstehen. Er stellt eine Bedingung: „Wenn du laufen kannst!"

Heilung aus Liebe in der Akasha-Chronik

Ich nehme Natrium muriaticum. Meine juckende, schuppige Kopfhaut beruhigt sich. Mein kleines Mädchen im violetten Kleid hängt über dem Bild, links meiner Seelenliebe über meinem Bett.
Ich bete ein Vaterunser und danke.
Dann öffnet sich die Akasha-Chronik.
Im Traum höre ich mein kleines Mädchen rufen: „ Komm, Mutter, ich bringe Dich nach Hause! Hier kannst Du nicht bleiben!"
Wo bin ich?
Ich liege mit meiner Brust auf einem Grab.
Ich erkenne: Mein früheres Leben! Ich liege hier auf dem Grab meines Geliebten! Meines Seelenpartners! Der Klostergärtner! Ich will ihn nicht gehen lassen! Ich weine! Ich bitte Gott, ihn mir wieder zu geben.
Hinter mir steht meine kleine Tochter. Anna ist ihr Name. Anna möchte mich nach Hause bringen, in mein Zimmer, ins Kloster. Ich stehe auf, erhebe mich. Ich kann nicht gehen! Ich sage zu Anna: „Ich kann meine Beine nicht bewegen!" Anna bringt mich zur Oberin des Klosters. Langsam, auf Anna gestützt, schaffte ich den Weg, ganz langsam.
Die Oberin brachte mich mühsam, stützend in mein Zimmer. Dort ließ ich mich aufs Bett fallen. Wir beteten. Dann bat ich, dass ich in das Gartenhäuschen des Gärtners einziehen durfte. Es

wurde mir gewährt! Gestützt von meinen Mitschwestern ging ich in den Garten. Ich sah das Häuschen! Da sagte ich zu meinen Mitschwestern: „Lasst mich los!" Und ich ging zum Häuschen. „Das ist ein göttliches Wunder!", verkündete die Oberin voller Freude. Sie schließt mir die Tür auf, ich trete ein. Dann überreicht mir die Oberin den Schlüssel und segnet mich. Sie geht mit meinen Mitschwestern ins Kloster zurück.

Ich lege mich in dem Häuschen auf das Bett. Hier haben wir uns geliebt! Hier habe ich die Seele der Anna empfangen, und ihr Körper durfte in mir heranwachsen, bis ich ihn gebar! Tränen strömen aus meinen Augen! Plötzlich fühle ich die Hand meines Geliebten über meinen Körper streicheln. Ich höre seine Stimme und rieche ihn. „Weine nicht", sagt er sanft, „Unsere Liebe stirbt nicht! Unsere Liebe überwindet den Tod!"

Unsere Liebe ist stark.

Es wird hell, die Vögel zwitschern. Da klopft es an die Tür. Ich öffne sie. Ich kann gehen! Anna bringt mir Kaffee und ein Stück Brot mit Rosenmarmelade. Dann setzt sie sich mit mir an den Tisch, während ich frühstücke.

Anna möchte bei mir in dem Häuschen bleiben. Wir gehen beide zur Oberin und Anna darf bei mir bleiben. Zwei kräftige Kutscher tragen ihr Bett herein!

Dann sitze ich mit Anna auf der Bank vorm Häuschen. Ich fühle, wie sich mein geliebter Seelenpartner zwischen uns auf die Bank setzt und seine Arme um uns legt. „Jetzt gehören wir zusammen", sagt er. Ich fühle Gottes Segen.

Dann sehe ich die Eisblumen, über die wir zu unserer Hochzeit in die Kirche gehen. Anna hat die Blumen für uns gestreut. Ich hatte mich bei meinem Mann untergehakt und fühle mich gehalten. So kann ich gut über das glatte Pflaster mit den Eisblumen gehen!

Dann sehe ich die Oberin des Klosters als geistiges Wesen am Eingang der Kirche stehen. Sie überreicht mir im Traum einen Schlüssel. Ich nehme den Schlüssel und lege ihn in mein Herz. Es ist der Schlüssel meiner Liebe, die ich sicher in meinem Herzen trage.

Alles steht im Buch des Lebens, in der Akasha-Chronik.

Das Buch des Lebens schließt sich.

Ich stehe vor Gott, der zu mir spricht: „Du kannst deine Liebe nicht verlieren! Nicht durch Tod! Nicht durch Trennung für das Karma!"

Liebe ist ewig!

Im früheren Leben konnte ich vom Grab meines Geliebten nicht mehr weggehen. Dann konnte ich nicht mehr gehen!

In diesem Leben versagten meine Beine, als ich nach der Scheidung nach Hause gehen wollte. Zum Glück stand eine rettende Bank am Straßenrand. Darauf sitzend wurde mir bewusst: Ich möchte nach Hause gehen! Doch mein Zuhause ist nicht mehr, wie es war! Ich werde allein sein! Das machte mir Angst. Neben der Bank, auf der ich damals saß, lag eine Kastanie. Sie ist aus dem Herbst liegen geblieben. Es war inzwischen Frühling.

Ich hob die Kastanie auf, steckte sie in meine Jackentasche und ging weiter.

Ich höre Gottes Stimme in mir! Sie sagt:

Nimm deine Liebe und geh!

Im früheren Leben war es meine Liebe, die mich bewegte, und ich konnte durch den Klostergarten gehen!

In diesem Leben sitze ich nach einem Schlaganfall im Rollstuhl und kann nicht mehr gehen!

Vor dreißig Jahren habe ich mich von meinem Seelenpartner getrennt, um Karma zu erlösen!

Am Nachmittag scheint die Sonne. Wir brechen auf, eine Spazierrunde zum Nachbarort und zurück.

Dann sitze ich im Garten, sehe zu den Beeten und hoffe, unsere kleine Katze zeigt sich mal. Stattdessen kommt Anna als geistiges Wesen. Sie hat weiße Lilien in der Hand. Weiße Lilien stehen für göttliche Reinheit. Erzengel Gabriel wird oft mit weißen Lilien dargestellt. Er ist der Engel, der Maria ihre Empfängnis des Jesuskindes verkündete.

Das kleine Mädchen legt die Lilien in mein Herz.

Weiße Lilien zeigen, etwas Reines, Göttliches zu empfangen!

Ich öffne mich, um Gott zu empfangen! „Nimm deine Liebe und geh", hatte Gott gesagt.

Gott hat meine Liebe vorm Traualtar gesegnet. „Ja, mit Gottes Hilfe", hatte ich gesagt. Jetzt fühle ich Gottes Hilfe! Jeden Tag empfange ich Gottes Segen, reine Liebe!

Die Kastanie, die ich nach meiner Scheidung fand, nahm ich mit in meine Wohnung! Später zog ich in eine andere Wohnung. Die Kastanie nahm ich mit. Irgendwann hatte ich die Kastanie verloren. Vielleicht bei meinem Umzug in unser jetziges Haus?
Die Kastanie habe ich verloren!
Meine Liebe aber, trage ich in meinem Herzen. Da ist sie sicher! Ich werde sie nicht verlieren! Vor der Kirchentür erhielt ich den imaginären Schlüssel!
Die Liebe ist in meinem Herzen sicher aufbewahrt! Sie kann mir keiner nehmen!
Wo ich auch bin, meine Liebe nehme ich mit, wie es mir Gott sagt: „Nimm deine Liebe und geh!"
Meine Liebe kommt überallhin mit, wohin ich immer auch gehe! Denn sie ist in mir! Nichts kann mich von meiner Liebe trennen! Sie ist getragen in meinem Herzen!
Mit meiner Liebe im Herzen bin ich in Gott getragen! Ich bin gesegnet!

Erlebtes muss verdaut werden

Alles, was wir je erlebten, müssen wir verdauen. Beim Verdauen sortieren wir, was Teil von uns wird und was wir wieder loslassen.
Ich nehme jetzt jeden Abend Darmbakterien für eine gesunde Darmflora. „Der Tod sitzt im Darm", sagten alte Heilpraktiker; von denen ich lernen durfte. Die jungen Heilpraktiker wissen auch, dass der Darm ein zweites Gehirn ist. Unser Bauchhirn! Und nur, wenn die Verdauung gut funktioniert, funktioniert auch unser Denkorgan- das Gehirn. Das Gehirn sieht ähnlich aus, wie die Darmschlingen! Am Anfang, nach

meinem Koma, brauchte ich oft Abführzäpfchen. Mein Darm war ebenso gelähmt, wie meine linke Körperseite. Jetzt hat sich meine Verdauung reguliert und ich kann regelmäßig meinen Darm entleeren! Alles sortiert sich! Einiges ist in mir bewahrt und wird ein Teil von mir! Anderes lasse ich los! „Ich muss mich erst mal neu sortieren", sagte meine verstorbene Freundin Jana oft!
Erlebtes muss verdaut werden! Meine Liebe ist in meinem Herzen und ich habe den Schlüssel zu ihr!
Anderes, was mir schadete, wofür ich mich opferte, was nicht zu mir gehört, lasse ich los! Das macht mein Körper, mein Bauchhirn funktioniert, so auch mein Geist.
Mein homöopathisches Konstitutionsmittel, Natrium muriaticum begleitet mich dabei!
„Lasse los und fühle dich", lautet die Botschaft der Arznei nach Antonie Peppler.
Ich lasse all das los, was mir nicht wohlwollend war. Das Krafttier Frosch half mir, einen bösen Fluch, der mich vor dreißig Jahren traf, zu erlösen! Alle Energie, die als negative, schädigende Kraft zu mir kam, lasse ich los! Das Karma, das erlöst werden musste, ist erlöst! Ich lasse los! Und ich fühle mich:

Gedicht: Und ich fühle mich!

Und ich fühle mich!
Mit meiner Liebe im Herzen!
Vorbei sind Leid und Schmerzen!
Und ich fühle mich!
Mit meiner Liebe in mir!
Getragen in Gott!

Ich bin meine beste Freundin!
Reiche mir die Hand!
Nehme mich in den Arm!
Dann wird es mir ganz warm!
Ich nehme mich in Liebe an,
so, wie Gott es macht!
Ich bin aufgewacht
als meine beste Freundin!

Sich selbst bester Freund sein

Viele Menschen lehnen sich selbst ab, reden und denken schlecht über sich.

Dann wundern sie sich, wenn sie von anderen abgelehnt werden! Ich denke an eine Verwandte, die sich oft in ihrer Familie unverstanden und abgelehnt fühlt. Darüber wundert sie sich. Wenn man ihr zuhört, wird schnell klar, dass sie selbst schlecht über sich denkt, schlecht von sich redet! Wer sollte uns lieben, wenn wir es selbst nicht können?

Oft versuchen wir von anderen zu bekommen, was wir uns selbst nicht geben können!

Seit sechs Jahren bin ich die meiste Zeit im Rollstuhl mit mir allein! Ich bin mir sehr nah! Es wäre ja gruselig, wenn ich mich nicht leiden könnte!

Schließlich muss ich den ganzen Tag mit mir zusammen sein und das aushalten! Ich muss es mit mir aushalten!

Zum Glück halte ich es gut mit mir aus, weil ich mich annehme, wie ich bin! Auch behindert und gelähmt!

Ich halte es gut mit mir aus, weil ich mich respektiere!

Ich halte es gut mit mir aus, weil ich mich liebe!

So wie ich bin!
Ich bin meine beste Freundin!
Jeden Tag sitze ich mit meiner besten Freundin im Rollstuhl!
Da ist es unwichtig, ob die beste Freundin behindert ist!
Ich liebe meine beste Freundin, mit der ich im Rollstuhl sitze, und mit der ich meine Lebenszeit verbringe!
Ich habe mich angenommen, wie ich bin!
Ich habe Frieden geschlossen, wie es ist: behindert im Rollstuhl, ständig auf Hilfe angewiesen!
Na und? Was ist dabei?
Ist es nicht viel schlimmer, wenn ein Mensch sich selbst ablehnt?
Wer sich selbst ablehnt, hadert mit Gott!
Denn Gott nimmt uns an, bedingungslos! Gott zweifelt nicht an uns! Gott hat mich gesegnet für diesen Weg. Das heißt: Gott traut mir diesen Weg zu!
Nun bin ich ihn so weit gegangen, meine beste Freundin ist stets bei mir! Meine Liebe ist Teil von mir!
Und ich fühle mich: Getragen in Gott!
Gott traut mir zu, dass ich diesen Weg gehe!
Darum kann auch ich vertrauen, diesen Weg zu gehen!

Bewusst gehen

Ich kann zurzeit nicht körperlich gehen.
Aber mein Leben geht weiter!
Nach meinem Schlaganfall hat mir Gott ein neues Leben geschenkt!

Dafür danke ich!

Ich nehme mein neues Leben dankbar an und mache etwas daraus!

Auch als Behinderte nutze ich meine mir geschenkte Lebenszeit!

Ganz bewusst gehe ich durch diese Zeit!

Viele würden das als nicht lebenswert bewerten!

Ich erlebe ganz bewusst diese Zeit als ein besonderes Geschenk!

Bedingungslos schenkte mir Gott weitere Lebenszeit! Ich musste dafür nichts tun! Ich musste keine Leistung erbringen! Bedingungslos wurde mir ein neues Leben geschenkt! Ich danke Gott für dieses Geschenk! Ich halte dieses kostbare Geschenk, mein Leben, in Ehre und gehe ganz bewusst mit der geschenkten Zeit um!

Die Nelken zum Hochzeitstag meiner Eltern blühen noch wunderschön. Von weitem sehe ich sie schon leuchten!

Ganz bewusst habe ich Nelken zum Hochzeitstag gewählt, weil der Brautstrauß meiner Mutter aus Nelken bestand!

Und ich bin mir sicher, meine Eltern sehen diese Blumen aus dem Jenseits und erfreuen sich an ihnen!

Auch im Jenseits wird gefühlt

Ich stehe am Grab meiner Eltern. Da fliegen zwei weiße Schmetterlinge, als würden sie miteinander tanzen. Meine Eltern gingen leidenschaftlich gern tanzen. Die Schmetterlinge zeigen mir, sie tanzen auch im Jenseits!

Auch im Jenseits wird gefühlt! Und geliebt!

Meine Mutter legt ihre Hand auf meine Schultern und tröstet mich, während ich im Rollstuhl am Grab meiner Eltern sitze.

Ich höre meinen Vater. Wie zu seinen Lebzeiten sagt er Mut machend: „Du schaffst das! Du bist ein starkes Mädchen!"

Ich danke meinem Vater! Er traut es mir zu! Wie Gott es mir zutraut!

Ich fühle oft den Trost und die Liebe meiner Eltern aus dem Jenseits! Auch im Jenseits wird gefühlt! Der Geist meiner lieben Eltern lebt weiter! Sie haben nur ihre körperliche Hülle verlassen! Doch im Geist sind sie in Liebe da! Ich kann es fühlen! Ich darf es erleben! Danke!

Der Mann meiner verstorbenen Freundin erzählte mir im Friedwald, dass er seine geliebte Frau fühlt. Sie ist immer da!

Ich freue mich, dass immer mehr Menschen diese Ebenen wahrnehmen!

Und das sind meistens ganz normale Menschen! Nicht die, die behaupten, sie seien spirituell! Vor einigen Jahren schrieb ich ein Buch „Spirituell sind die Anderen"! Schon damals sah ich, dass die wahren Spirituellen im Leben erleuchten und nicht in einem spirituellen Seminar!

Das Leben selbst ist das spirituellste Seminar, das es gibt

In spirituellen Seminaren wird meist dem Verstand etwas erklärt, was der Verstand gar nicht erfassen kann!

Denn den Spirit müssen wir fühlen!

Im Leben, wo wir fühlen, erweitert sich unser Bewusstsein! Im Leben fühlen wir den Spirit!

Ich bin seit sechs Jahren behindert im Rollstuhl! Ich weiß, wovon ich rede! Der Spirit des Lebens hat mich angefasst!

Das Leben als Behinderte und Überlebende durch Gottes Gnade war das spirituellste Seminar meines Lebens!

Mitten im Leben liegt der spirituelle Weg vor unseren Füßen. Wir müssen ihn nur betreten, wenn er sich zeigt! Mein Heilweg entpuppte sich gleichzeitig als mein spirituellster Weg meines Lebens!

Zuversicht aus der Akasha-Chronik

Zum Neumond im Juli saß ich im Elektrorollstuhl am steinernen Tisch am Fuße der Fahner Höhe. Ich betete ein Vaterunser und bat Gott, mir zu helfen, dass das geschieht, was das Beste für mich ist. Natürlich wünschte ich mir zu laufen. Ich beugte mich im Rollstuhl nach vorn, um aufzustehen. Da fühlte ich eine imaginäre Hand, die mich zurück in den Rollstuhl drückte. Dann folgte ich meiner inneren Stimme und schloss meine Augen! Vor mir lag das Buch des Lebens, die Akasha-Chronik. Ich erhielt von da an Antworten aus der Akasha-Chronik zu meinen

Beziehungen. Einmal öffnete ich für meine Freundin die Akasha-Chronik.

Heute bin ich Rekordzahlen mit meinem Rollstuhlfahrrad gefahren. Da bat ich meinen Mann, als Belohnung für diese Leistung, mich zu meinen Exmann zu fahren! „Kannst du laufen?", fragt mein Mann von oben herab. Kleinere Erfolge werden nicht belohnt. So wurde er geprägt: Leistungsorientiert, gegen Gefühle immunisiert!

Gott hat mir nicht umsonst den Zugang zur Akasha-Chronik geschenkt!

Ich frage die Akasha-Chronik; ob es wichtig ist, die Beziehung zu meinen Exmann noch in einen liebevollen Abschied als Vollendung zu bringen!

Da kommt die Antwort! Ich höre sie über meine innere Stimme:

Es wird eine Begegnung geben! Diese Begegnung ist von Gott gesegnet! Du darfst zuversichtlich sein! Es ist wichtig für dich, einen liebevollen Abschied zu nehmen, und es wird so sein! Es steht unter Gottes Segen!

Zur Nacht nehme ich Helianthus annuus. Die Sonnenblume wendet sich zum Licht! Auch ich wende mich zum Licht!

Was nicht Licht und Liebe ist, bleibt von mir getrennt!

Am Morgen kommt eine liebe Krankenschwester, die auch den Namen aus dem Feenreich trägt! Sie duscht mich. Unterm Wasser stelle ich mir vor, wie alles von mir abgewaschen wird, was nicht mehr gut für mich ist!

Für immer verbunden mit dem homöopathischen Konstitutionsmittel

Vorm Mittag zeigt mir mein Körper Symptome für Natrium muriaticum. Ich nehme die Arznei. Das Loslassmittel und das Kummermittel in der Homöopathie ist ein Konstitutionsmittel! Das ist jetzt eine Fügung! Es passte nie besser als jetzt!
Als junge Frau hat Natrium muriaticum nach einer starken Erstverschlechterung meine damalige Neurodermitis geheilt! Mein homöopathisches Konstitutionsmittel begleitet mich durch mein Leben! In meinem ersten Homöopathieseminar in der Heilpraktikerausbildung lernte ich mein Konstitutionsmittel kennen. Seit dem begleitet es mich auf meiner Lebensreise! Seit meinem ersten Homöopathieseminar bin ich verbunden mit meinem Konstitutionsmittel! Und oft zeigt mein Körper anhand seiner Symptome, dass er es brauch!

Symptome als Wegweiser zur Heilung

Wenn der Körper Symptome zeigt, denken die meisten sofort an schlimme Krankheiten, die auch lebensbedrohlich sein können!
Ich möchte einfach hier zum Umdenken einladen:
Wir stellen aufgrund der Symptome keine bösen Diagnosen, sondern sehen in den Symptomen die Chance zur Heilung!
Die Homöopathie braucht Symptome, um zum richtigen homöopathischen Arzneimittel zu finden. Mit der entsprechend gut gewählten homöopathischen Arznei bekommt der Mensch die

Information, die die Selbstheilungskräfte in Heilung lenken! Der Mensch heilt sich dann mit der passenden homöopathischen Arznei selbst!
Symptome sind für die Homöopathie nur Wegweiser zur Heilung!
Für die Seele sind körperliche Symptome nur Ausdruck dessen, was die Seele heilen möchte!
Symptome sind für den Geist nur Ausdruck dessen, wo wir Verstand und Ego loslassen sollen und den Heiligen Geist Gottes in uns wirken lassen dürfen.
Für alle diese Theorien sind Symptome nur Wegweiser zur Heilung!
Einzig und allein die wissenschaftliche Schulmedizin sieht Symptome negativ! Für die Schulmedizin sind Symptome Grund für Untersuchungen, um krankmachende Diagnosen zu stellen und kostenintensive Behandlungen anzuordnen, mit denen manche Mediziner und ihre Therapeuten, sowie die Pharmaindustrie viel Geld verdienen!
„Wenn du erst mal in den Fängen der Schulmedizin bist, kommst du da nicht mehr raus", sagte meine an Brustkrebs verstorbene Freundin Jana oft! Diese Erfahrung musste sie leider sammeln. Mit Operation, Chemotherapie und Antihormonen musste sie Qualen aushalten! Am Ende hatte sie tausende Metastasen. Und auch ich sagte ihr, es wäre vielleicht besser, noch eine Chemotherapie zu machen! Jana lag auf meiner Behandlungsliege in der Praxis und sagte entschieden: „Nein, keine Chemo mehr! Das hat mich alles erst dahin gebracht, wo ich jetzt bin!"
So kann es sein!

Jana ging tapfer ihren Weg und wusste, wohin er führt! „Wenn meine Kinder ohne Mutter aufwachsen, dann ist das eben so! Dann ist es ihre Herausforderung, mit der sie im Leben klar kommen müssen", sagte Jana ruhig, ohne Zweifel, ohne Jammern; ohne zu klagen!

Als sie verstorben war, schenkte mir ihre Familie einen Augenblick, neben ihrem Bett einen Moment zu sitzen, um Abschied zu nehmen. Dafür bin ich sehr dankbar!

Jana lag tot im Bett. Ich saß neben ihr, dankte ihrer Seele für die vielen Augenblicke, die wir hatten. Janas Gesicht lächelte! Sie hat im Frieden ihr Leben verlassen. Von ihrer Mutter weiß ich, dass sie ruhig und kampflos sterben konnte!

Wir sterben wie wir lebten

Das hat mir Janas Sterben gezeigt!

Jana hat auch im Leben selten gezweifelt und gehadert! Sie hat das Leben angenommen, wie es war! Sie schloss Frieden!

Sie hatte ihre Krankheit angenommen! Sie hat es angenommen, ihre Kinder allein lassen zu müssen! Sie war in Frieden! Und so ist sie gestorben! Im Tod zeigte sie sich mit einem Lächeln im Gesicht!

Meine verstorbene Freundin Marion lächelte, als ich im Hospiz bei ihr war und wir unsere Hände hielten.

Mein Vater war ruhig und im Frieden, mit dem, wie es war. Er blickte auf ein schönes Leben zurück und ging entspannt dem Ende entgegen. Nach seinem letzten Atemzug entspannte sein Gesicht völlig, alle

Falten waren verschwunden. Im Frieden verließ er sein Leben!

Danke, dass ich seinen letzten Atemzug erleben durfte und ihn auf seinem letzten Weg begleiten durfte!

Als ich mit meinem Schlaganfall röchelnd im Wohnzimmer lag, war ich im Frieden! Es war gut, was immer auch geschah! Ich war in Gott getragen! Danke!

Gutes Sterben

Wer sich ein gutes Sterben wünscht, sollte also nicht über pharmazeutische Sterbehilfe nachdenken! Sondern besser ist, er lebt so, wie er sterben möchte!

Das Geheimnis liegt darin, das Leben anzunehmen und Frieden zu schließen, mit dem, was ist!

Nicht die Umstände bestimmen unser Leben, sondern die Einstellung!

Frieden schließen, wie es ist! Wer Frieden mit dem Leben schließt, hat auch Frieden am Ende des Lebens! Somit ist gutes Sterben möglich! Pharmazeutische Sterbehilfe ist dann nicht mehr notwendig! Der Ruf nach selbst bestimmtem Sterben kommt durch Angst. Die Menschen haben Angst vor möglichem Leid! Deshalb möchten sie sich über Gott stellen und ihre Todesstunde selbst bestimmen! Die Angst ist das Gegenteil der Liebe! Wir können Angst nicht bekämpfen! Doch wir können Angst mit Liebe überwinden!

Getragen in Gottes Liebe

In meiner Todesstunde war ich getragen in Gottes Liebe! In sechs Jahren Leben mit Behinderung, im Rollstuhl, bin ich getragen in Gottes Liebe!
Ich behaupte als Behinderte im Rollstuhl nicht, dass es einfach ist!
Aber ich erfahre, dass das Leben getragen in Gottes Liebe möglich und lebenswert ist!

Mit Gottes Liebe ist alles möglich

Mein Sohn fliegt zu Dreharbeiten mit einem Filmteam bald nach Kenia. Als Mutter hoffe ich das Beste für mein Kind und dass er gesund wieder nach Hause kommt.
Ich frage in der Akasha-Chronik nach.
Ich erfahre, dass meine Sorgen unberechtigt sind. Mein Sohn passt sehr gut auf sich auf. Und mein Sohn liebt das Leben!

Heiliges Leben

Wer das Leben liebt und es in Freude und Liebe annimmt, ist in Sicherheit!
Das Leben ist Gottes Geschenk an uns Menschen!
Deshalb ist das Leben heilig!
Im heiligen Leben sind wir in Sicherheit!
Dank der Information aus der Akasha-Chronik sehe ich gelassen der Keniareise meines Sohnes entgegen!

Alles Leben liegt in Gottes Hand und in Gottes Heiligkeit!

Vor meinem Schlaganfall war ich ehrenamtlich im ambulanten Hospizdienst tätig. Dort ist Sterbehilfe nicht gewünscht und tabu!
Und für mich ist Sterbehilfe keine Alternative!

Leben und Sterben liegen in Gottes Hand

Wer die Sterbestunde selbst bestimmen möchte, versucht sich über Gott zu stellen! Nach meinem Schlaganfall hat Gott mir ein neues Leben geschenkt! Und ich habe es angenommen! Mit Geschenken, die wir annehmen, dürfen wir achtsam umgehen! Mein Sterben lag in Gottes Hand! Mein Überleben lag in Gottes Hand! Mein Leben liegt in Gottes Hand! Und wie lang dieses Leben sein wird, liegt in Gottes Hand! Ich lehne selbst bestimmtes Sterben ab! Ich vertraue, dass Gott mich entlassen wird, wenn es richtig für mich ist!

Bewusst gehen mit Gott

Ich lege mein Gehen bewusst in Gottes Hände! Alles wird dann sein, wie es richtig ist!
Als Behinderte gehe ich bewusst mit Gott.
So kann ich mein Leben nehmen und aushalten!
Ich verzweifle nicht, weil ich behindert bin! Im Gegenteil! Ich bin dankbar! Denn gerade in diesem Teil meiner Lebensreise fühle ich Gottes Liebe!

Bewusst in Liebe erschaffen

Ich malte auf eine Leinwand einen weißen Schmetterling und eine blühende Rose mit zwei Knospen, die noch im Verborgenen schlummern.
Dieses Bild ist für meine Lieben, die im Jenseits leben und sich mir als Schmetterling zeigen. Die Rose ist für die Liebe, die uns verbindet!
Im Rosengarten flatterte meine Freundin Marion und dann flatterte mein Vater noch hinzu!
In Liebe habe ich bewusst dieses Bild auf einer herzförmigen Leinwand erschaffen!
Auf einer zweiten Leinwand malte ich weiße Lilien, die mir im Traum meine Tochter aus einem früheren Leben brachte! Eine Blüte ist voll erblüht, zwei weitere sind zum Aufbruch bereit. In Liebe malte ich die Lilien. Sie stehen für göttliche Wahrheit und Reinheit.
Sie stehen für mich für göttliche Liebe zu meinem Seelenpartner, der im früheren Leben der Vater des Kindes war, das mir im Traum die Lilien brachte.
Zu meiner Hochzeit mit meinem ersten Mann war der Altar mit weißen Lilien geschmückt! Ich sagte: „Ja, mit Gottes Hilfe!"
Nun sitze ich über dreißig Jahre später gelähmt im Rollstuhl und male in Liebe weiße Lilien!
Ich habe bewusst in Liebe erschaffen, was mich bewegt!

Liebe bewegt

… und lässt uns bewusst erwachen!

Das, was mich innerlich bewegt, bringe ich im Leben in der Kunst zum Ausdruck!

Und das alles darf sein, während ich in Gott getragen bin!

Ich sehe meine Lilien, die ich gemalt habe! „Du kannst nur das erschaffen, was in dir ist", kenne ich von meiner Kunsttherapeutin!

Ich betrachte mein Bild mit den Lilien. Eine Blüte ist voll erblüht, sie zeigt die gelebte Zeit in meiner Seelenliebe! Zwei Knospen, die nach oben, in die Zukunft zeigen. Da liegt noch etwas im Verborgenen, was erblühen wird! Ich werde es sehen, wenn die Zeit reif dafür ist! In Gott getragen muss ich nichts befürchten! Die geheimnisvollen Knospen der Lilien zeigen auf der linken Seite meines Bildes nach oben in die Zukunft! Noch ist es im Verborgenen, was da erblühen will!

Es ist Kunsttherapie. Ich freue mich! Die Farbe blau ist heute Thema.

Ich wünschte mir, den blauen Mantel der Maria. Meine Kunsttherapeutin erfüllt mir meinen Wunsch.

Mit Kreide streiche ich hellblau mit der Handfläche ein Blatt.

Dann male ich ein Gesicht in Hautfarbe. Der Kopf wird umhüllt von dem blauen Mantel. In fließenden Wellen fällt vom Kopf der Mantel herab. Der Mantel bleibt vorn geöffnet. Eine Figur ist unter dem Mantel nicht zu erkennen. Was immer sich unter dem Mantel verbirgt, es steht:

Unter Gottes Schutz

Unser Leben steht unter Gottes Schutz! Gott hat uns Schutz geschenkt, unter dem wir geborgen sind.
Ich stehe unter Gottes Schutz! Ich fühle mich in Gott geborgen.
Nach der Kunsttherapie meditiere ich und stelle mir vor, wie mich eine blaue Hülle umgibt! In dieser Hülle stehe ich unter Gottes Schutz! Unter Gottes Schutz habe ich einen Schlaganfall überlebt! Unter Gottes Schutz habe ich sechs Jahre ein Leben als Behinderte im Rollstuhl ausgehalten!
Nun durfte ich den blauen Schutzmantel in der Kunsttherapie malen! Das Bild hängt an meinem Küchenschrank. Fließend sieht es aus! Was es verhüllt, bleibt dem menschlichen Auge verborgen! Wir Menschen müssen es nicht wissen. Wir müssen nichts erklären. Wir brauchen nur Vertrauen:

Vertrauen in Gott

Der blaue Schutz, den ich malte, ist schön und strahlt Frieden aus! Ich bin im Vertrauen: In Gott eingehüllt, geborgen und getragen!
„Wir können nur das künstlerisch erschaffen, was in uns ist", lernte ich von meiner Kunsttherapeutin.
Das Bild zeigt, was in mir ist: Ich vertraue in Gott!
Nach meinem Schlaganfall operierten mich die Ärzte und sagten dann meinem Mann: „Wir müssen abwarten, ob ihre Frau überlebt!"
Gott hat nicht abgewartet:

Gott schenkt Leben

Gott hat mir ein neues Leben geschenkt!
Wenn mein Leben zu Ende gewesen wäre, hätte mir
Gott ein neues Leben in der Ewigkeit geschenkt!
Gott schenkt Leben!
Jesus Christus hat es uns gezeigt. Er ging durch den
Tod am Kreuz und ist auferstanden zu neuem Leben!
Wie ein Schmetterling hat sich sein Geist befreit.
Gott schenkt auch uns neues Leben.
Meine verstorbene Freundin Marion ist nicht mehr in
einem Körper. Manchmal kommt ein weißer
Schmetterling und ich erkenne!
Mein Vater ist mitten im Januar gestorben. Keine
Jahreszeit für Schmetterlinge. Ich saß auf der
Terrasse, rauchte eine Zigarette, dachte an meinen
Vater! An der Hauswand saß ein Schmetterling! Es
gibt mehr zwischen Himmel und Erde, als wir
verstehen! Die himmlischen Botschaften sind nicht
für den Verstand! Die himmlischen Botschaften sind
fürs Herz gemacht!
Ich sehe oft weiße Schmetterlinge in Verbindung an
meine Lieben, die im Jenseits leben! Es gibt ein
Leben nach dem Tod! Gott schenkt ewiges Leben!
Die Toten leben. Nur die Ebene ist höher! Wir
begegnen uns auf einer geistigen Ebene, körperlos.
Die Überreste des Körpers sind in Mutter Erde
begraben! Während Geist und Seele weiterleben!
Nur der Körper ist sterblich.

In homöopathischer Begleitung

Am Abend nach der Kunsttherapie nehme ich Aqua amniota. Wie der göttliche Schutz ist für den Körper auch das Fruchtwasser ein Schutz, im Bauch der Mutter, während unsere Seele sich zur Inkarnation ins Leben auf den Weg macht! Was hat die Seele vor, in diesem Leben? Was will sie entfalten? Was will sie dem Leben schenken? Was will sie erfahren und lernen? Was nimmt sie mit, aus diesem Leben? Und so werden wir alles erleben, was die Seele braucht!
Ich bin im Frieden mit meinem Schicksal! Meine Seele hat Ja gesagt und wollte den Weg der Heilung gehen! Ich bin in guter Begleitung!
Aqua amniota hüllt mich ein! Wie der göttliche Schutzmantel der Maria, den ich in der Kunsttherapie malte!

Spielerisches macht das Leben leicht

Ich trage heute mein neues Shirt, in hellem Gelbgrün. Die Farbe der Bewegung, lernte ich in der Kunsttherapie.
In der Kunsttherapie malte ich vor dem Hintergrund in diesem hellgrün eine Sonnenblume. Die Sonnenblume ist immer in Bewegung! Sie tanzt mit dem Licht! Sie tut es einfach, denkt nicht darüber nach!
Ich nehme mittags Helianthus annuus, die Sonnenblume als homöopathische Arznei.
Dann fährt mich mein Mann in die Ergotherapie.
Ich sitze auf der Behandlungsliege. Nachdem mich meine Ergotherapeutin durchbewegt hat, spielen wir

mit einem Luftballon, der zwischen uns fliegt. Hin und her! Ich sitze und muss meinen Körper aufrichten, um den Luftballon anzustupsen. Meine Körperstabilität wird trainiert. Ich muss sehen, wohin der Luftballon fliegt. Ich muss mich koordinieren. Ich muss den Luftballon zurück zu meiner Therapeutin fliegen lassen, muss mich selbst dabei stabil halten, mit den Augen sehen, wohin die Reise des Ballons geht und immer wieder in meine Mitte finden.

Manchmal landet der Luftballon auch am Boden oder ich verfehle ihn und treffe ihn nicht mit meiner Hand! Wir lachen und haben Spaß.

Ich trainiere meinen Körper, und es fühlt sich nicht wie Arbeit an, weil das therapeutische Training als Spiel verpackt ist!

Spiel macht das Leben leicht! Und was für meinen Körper harte Arbeit ist, wird durch das Spiel Leichtigkeit!

So muss es sein! Ich denke an meine ehemalige Ergotherapie und wie ich dort immer stehen musste, bis ich völlig versteift war!

Locker, in guter Stimmung, trete ich den Heimweg an!

Mein Körper hat Schwerstarbeit geleistet! „Sie machen das sehr gut", sagte meine Ergotherapeutin. Manchmal fragte sie mich auch, ob ich eine Pause möchte. Nein, ich brauchte keine Pause. Denn die körperliche Schwerstarbeit war gut verpackt:

Im Spiel mit dem inneren Kind

Ich bin achtundfünfzig Jahre, eine ältere Frau nach den Wechseljahren.

Aber das Kind, das ich einmal war, ist nicht tot! Das Kind lebt noch in mir!

Das Kind mag es nicht, wenn es unter Leistungsdruck gerät! Mein Mann stellt für verschiedene Wünsche gern die Bedingung: „Wenn du laufen kannst!"

Ich hatte neue Schuhe, die sich gut an meinen Füßen anfühlen.

Dann wollte ich ein zweites Paar in einer anderen Farbe. „Wenn du laufen kannst", sagte mein Mann!

Ich bin zwar behindert, aber ich kann meine eigenen Entscheidungen treffen!

Ich legte Geld, welches mir zum Geburtstag geschenkt wurde in mein Portemonnaie und dieses in meinen Umhängebeutel. So ließ ich mich von meinem Mann in den Schuhladen rollen. Als ich mir Schuhe ausgesucht hatte und sie probiert hatte, ließ ich mich von meinem Mann zur Kasse rollen und bezahlte selbst! Ich habe Schuhe gekauft! Selbst bezahlt! Nicht wenn ich laufen kann! Sondern selbst bestimmt, wenn ich das möchte! Das erzählte ich meiner Ergotherapeutin, dass ich es geschafft habe, selbst mit meinem Portemonnaie klarzukommen und zu bezahlen. „Prima", sagt meine Ergotherapeutin, „Wie fühlte sich das an?", wollte sie wissen!

Es fühlte sich großartig an! Frei!

Als ob das kleine Kind das erste Mal selbst mit seinem Portemonnaie Geld nimmt und bezahlt, ohne zu fragen: „Papa, darf ich das haben?"

Wie sehr freut sich ein Kind, wenn es spielerisch das erste Mal eine Entscheidung trifft, ohne die Eltern zu fragen!

Mein inneres Kind hört oft: „Wenn du laufen kannst!" So lernt es nicht laufen! So gerät es unter Druck und verspannt sich!

Das innere Kind braucht kein hartes Training! Das Kind will spielen und leicht sein dürfen! So leicht wie der Luftballon, der heute zwischen mir und meiner Therapeutin flog!

Abends nehme ich Helianthus annuus.

Auf einem Spaziergang zum Nachbarort springt auf dem Weg durchs Flusstal ein Frosch umher.

Heute nimmt der Frosch die Schwere von meinem inneren Kind, die über ihm liegt, seit es nicht mehr leicht sein darf.

Das innere Kind bringt die Leichtigkeit

Ich erinnere mich an meine erste Ehe. Wir gingen oft tanzen. Wie zwei Kinder drehten wir uns in einem Karussell auf einem Spielplatz. Am Wochenende fuhren wir oft an einen Stausee und planschten freudig im Wasser. Manchmal bespritzten wir uns gegenseitig und lachten. Wir hatten viel Spaß! Zwei Kinder spielten miteinander und machten das Leben leicht!

In meiner zweiten Ehe lernte mein inneres Kind den so genannten „Ernst des Lebens" kennen. Alles wurde schwer. Der Verstand war der Chef. Da blutete mein Herz! Mein Herzblut schoss in den Verstand.

Gott schenkt mir ein neues Leben! In dem neuen Leben darf auch mein inneres Kind wieder erwachen!

Das innere Kind bringt mir Leichtigkeit in mein Behindertenleben! Der Frosch entzaubert mein inneres Kind. Der Frosch berührt mein Herz und entzaubert das kleine Mädchen, das es wieder zaubern kann!

Es ist nur schwer geworden! Und das darf vergehen!

Es ist Wochenende. Frühstück auf der Terrasse! Unsere neue Mitbewohnerin, die kleine Katze, springt neben uns umher! Ich versuche immer die Katze zu streicheln, wenn sie nah an mir vorbeigeht! Sie ist schnell, und ich schaffe es nicht, ihr weiches Fell zu berühren.

Ich sage: „Gut kleine Katze, dann eben beim nächsten Mal!" Mit Leichtigkeit meines inneren Kindes lebe ich! Und nichts ist mehr schwer! Wenn ich es nicht schaffe, mich auf meinen Beinen zu halten, denke ich: Gut, dann eben beim nächsten Mal!

Der Katze gab ich einen Namen: Cora! Ich segnete sie mit meinen Augen und sagte: „Ich segne dich, liebe Cora! So ist dein Name!" Und ich bitte Gott um Segen! In Gottes Namen ist Cora hier in diesem Leben und Teil unserer Familie!

Mein Körper zeigt mir nach dem Frühstück Symptome für Natrium muriaticum. Ich nehme mein Konstitutionsmittel. Mein Körper dankt und antwortet mit einer gründlichen Darmentleerung! Während körperliche Schwere von mir weicht, weicht sie auch geistig/seelisch. Danke Natrium muriaticum! Ich lasse los und fühle mich frei!

Freisein

Das innere Kind in uns will spielen und frei sein!

Ich spielte mit meiner Ergotherapeutin gestern mit dem Luftballon. Als ich ihn zu ihr zurück schickte, traf sie ihn nicht. Der Luftballon landet auf dem Boden.

„Haha", lachte ich, „eins zu null für mich!"

Das ist Ego! Das Ego will gewinnen! Das Ego will besser sein! Davon ist das innere Kind frei! Es braucht keinen Wettbewerb! Es will nicht besser sein als die anderen! Es will lieber Freunde!

Ich spielte mit meiner Ergotherapeutin mit dem Luftballon! Es ging nicht darum, etwas zu leisten, zu beweisen! Es ist kein Wettbewerb!

Wir spielen einfach! Und ich fühle nicht, dass mein Körper arbeitet!

Ich war frei!

Nun wirkt **Natrium muriaticum** in mir! Ich bin frei!

Mein Mann wurde sehr leistungsorientiert erzogen und im Wettbewerb musste er immer der Beste sein.

Er möchte auch mich in diese Leistungsorientierung mitnehmen. Ich blieb bei mir und versuchte mich möglichst davon zu distanzieren. Durch meine Behinderung bin ich sehr auf Hilfe meines Mannes angewiesen.   Es macht es schwerer, mich zu distanzieren.

Freiheit bewahren

Ich nutze alle Möglichkeiten, um meine Freiheit zu bewahren. So habe ich die Schuhe, die ich mir wünschte, selbst bezahlt!

Freiheit bewahren bedeutet auch, unabhängig und selbst bestimmt zu leben!

„Wenn du laufen kannst!", ist der Lieblingssatz meines Mannes, um mich zu erziehen! Doch ich lasse mich nicht erziehen!

Ich bewahre meine Freiheit und distanziere mich. Aus der Kunsttherapie erinnert mich der Mantel der Maria an meinem Küchenschrank: Ich stehe unter göttlichem Schutz!

Gedicht: Das Meine bewahren

Das Meine darf ich bewahren!
Ich stehe unter Gottes Schutz
Und Gottes Segen!
Ich bewahre meinen Schatz in meinem Leben!
Ich bleib bei mir ganz!
Und halte Distanz
Zu dem, was mir nicht gefällt!
Ich bleibe in meiner Welt!
Dort darf ich das Meine bewahren!

Eigenes bewahren

Wir sind als Seele in dieses Leben inkarniert. Vielleicht haben wir uns mit anderen verabredet und Absprachen getroffen. Diese Absprachen müssen wir im Leben einhalten. Manchmal werden wir vom Karma getrieben!

Es ist dennoch wichtig, am Ende immer wieder in das Eigene zu finden! Es ist wichtig, das Eigene zu bewahren!

Im Eigenen sind wir individuell und einzigartig! So, wie Gott uns ursprünglich schuf!

Einzigartig

Jeder Mensch ist einzigartig. Mit ganz bestimmten Wesenszügen, Fähigkeiten und Eigenschaften.
Wir müssen nicht in Fußstapfen anderer herumstolpern. Wir dürfen unsere eigenen Fußabdrücke hinterlassen.
Mit eigenen Fußabdrücken zeigen wir unsere Einzigartigkeit. Wir zeigen: Das bin ich!

Einzigartigkeit bleibt

Und wenn wir eines Tages unser Leben verlassen, bleiben die Einzigartigen in Erinnerung derer, die weiterleben!
Wer in Erinnerung bleibt, ist nicht tot! Er hat der Erde einen Fußabdruck hinterlassen und lebt als Erinnerung ewig auf der Erde! Und er lebt im Geist und in der Seele weiter in der Ewigkeit!
So gibt es zwei:

Leben nach dem Tod

Das eine Leben nach dem Tod ist das, was wir auf der Erde hinterlassen!
Das andere Leben nach dem Tod ist das, was wir im Geist und in der Seele weiterleben, in der Ewigkeit!

Was wir hinterlassen

Am Ende, wenn wir das Leben verlassen, bleibt etwas von uns im Leben zurück!

Es lebt weiter in der Erinnerung der Lebenden! Im Buch des Lebens wird es stehen, wer wir waren und was wir dem Leben schenkten!

Mögen wir Gutes im Leben hinterlassen. Möge ein guter Geist von uns sein!

Wir hinterlassen das, was wir lebten! Wer Liebe lebte, wird Liebe hinterlassen und in liebevoller Erinnerung weiterleben!

Wer seine Aufmerksamkeit auf Materielles orientierte und Häuser voll stopft, wird voll gestopfte Häuser hinterlassen! Mit voll gestopften Häusern hinterlassen wir nicht unbedingt ein gutes Erbe! Es kann für die Erben eine Last sein, voll gestopfte Häuser zu entrümpeln!

Ein gutes Erbe hinterlassen wir mit einem guten Geist, in Liebe und dem Leben wohl gesonnen!

Ein gutes Erbe ist Dünger für unsere Seele

…, dass diese sich entfalten und wachsen kann.

Ich habe von meinen Eltern viele gute Werte geerbt und dankbar in das Meine übernommen. Optimismus, Zuversicht, Mut, Liebe und Freude!

Nun helfen mir all diese Werte auf meinem Heilweg weiterzugehen!

Dieses gute Erbe ist Dünger für meine Seele, um meine Seele auf meinem Heilweg zu entfalten!

Ich heile! Und habe mein irdisches Erbe dankbar angenommen, trage es in mir! Ich fühle, dass ich bewusst gehe, mit einem guten Erbe.
Meine Ahnen stehen hinter mir, stark in meinem Rücken! Ihr Erbe trägt mich voran!
Sonntagsfrühstück auf der Terrasse! Ein weißer Schmetterling fliegt umher! Ich frage: „Vati?"
Der Schmetterling fliegt über mich hinweg! Väterlicher Segen durchströmt mich! So ist er in meinen schweren Stunden immer noch für mich da und schenkt mir väterliche Kraft und Unterstützung. Bedingungslos! Nicht, wenn ich laufen kann! Sondern auch in meiner Unvollständigkeit bin ich vollkommen!

Vollkommen inkarniert

Ich bin vor achtundfünfzig Jahren in dieses Leben geboren. Nach den Wechseljahren ging mein Leben zu Ende! Mit einem Schlag! Gott schenkte mir ein neues Leben! Behindert, im Rollstuhl! OK! Das erste Weihnachten nach meinem Schlaganfall! Im Rollstuhl besuche ich die Christnacht in unserer Christuskirche! Es ist wie immer! Jedes Jahr gehe ich zum nächtlichen Gottesdienst, zur Christnacht! Nur im Jahr nach dem Schlaganfall ist etwas anders! Ich gehe nicht! Mein Mann fährt mich im Rollstuhl!
Und noch etwas ist anders! Ich habe meinen Seelennamen erhalten! Nayalavee! Das heißt göttliche Vollkommenheit. Ich kann nicht mehr gehen, werde im Rollstuhl gefahren. Doch ich bin göttlich vollkommen! Ich bin jetzt vollkommen inkarniert! In diesem Leben! Martina Nayalavee ist nun angekommen! Inkarniert auf Erden!

Gedicht: Mein höheres Selbst zu werden

Gekommen auf Erden,
um zu werden!
Und dann kam der Moment!
Gott hat mir mein zweites Leben geschenkt!
Ich durfte zu Gott aufsteigen,
mich vorm Leben verneigen!
Und vollkommen ankommen,
auf Erden!
Mein Höheres Selbst zu werden!

Das höhere Selbst

… ist der göttliche Teil in uns. Das höhere Selbst sitzt über unserem Scheitel. Früher wurde auf alten Gemälden das höhere Selbst als Heiligenschein dargestellt.

Das höhere Selbst ist unser göttliches Selbst. Es ist der Teil, der das Christusbewusstsein in uns ist! Es ist der Teil, der die Verbindung unserer Seele zu Gott aufrechterhält, während wir im Leben, im niederen Selbst uns oft ausgeliefert fühlen.

Das höhere Selbst ist vollkommen göttlich, während das niedere Selbst die Dämonen in Schach hält! Das höhere Selbst hat die Dämonen besiegt und ist in bedingungsloser, göttlicher Liebe!

Als ich bewusst mit meinem Seelennamen, nach meinem Schlaganfall das erste Mal Weihnachten in der Christnacht saß, fühlte ich, dass etwas anders ist! Nun bin ich vollkommen! Ich bin hier nicht nur als Martina. Es ist viel mehr! In mir wirkt Christus! In mir

wirkt Gott! In mir wirkt der Heilige Geist! Ich bin
Martina Nayalavee! Göttliche Vollkommenheit!
Ich fühle mich verbunden! Verbunden mit meinem
Höheren Selbst! Verbunden mit Gott!
Ich fange an, bewusst zu gehen, als mein Körper
halbseitig gelähmt war und ich nicht mehr gehen
konnte! Von da an ging ich bewusst mit Gott!

Bewusst gehen mit Gott

Mein Schlaganfall vor sechs Jahren war nicht der
Anfang einer Krankheit. Er war der Anfang meiner
Heilung!
Später erzählte mir mein Mann, ich hätte geröchelt.
Ich lag mit Sterbensröcheln auf der Couch in unserem
Wohnzimmer. Während mein Körper im Sterben im
Wohnzimmer lag, ging mein Geist hinauf zu Gott!
Während einige Stunden später nach der
Notfalloperation die Ärzte, mein Mann und mein
Sohn abwarten mussten, ob ich überlebe, war mein
Geist bei Gott!
Gott schenkte mir mein zweites Leben. Als ich
Wochen später aus dem Koma erwachte, war ich
vollständig inkarniert. Von diesem Moment an ging
ich bewusst mit Gott!
Ich saß im Rollstuhl, strengte mich an, wieder zu
laufen. Ich trainierte fleißig in der Ergotherapie und in
Trainingsgeräten zu Hause.
Nach sechs Jahren hatte ich in der Kunsttherapie ein
Bild gemalt. Natürliche Kurkumafarbe ist der Grund,
darüber ein blauer Himmel. Das Bild soll mir einen
festen Grund zeigen, auf dem ich stehen kann. So
erklärte es mir meine Kunsttherapeutin.

Ich erkannte später am Übergang des festen, erdigen Kurkumagrundes und dem Himmel ein Licht. Es sah aus, wie ein Sonnenaufgang. Ich gab dem Bild einen Titel:

Die Geburt des Lichtes

Dann war der fünfundzwanzigste Februar. Vor genau sechs Jahren hatte ich meinen Schlaganfall.

Mit meinem Mann fuhr ich in unsere Kreisstadt und kaufte einen Bilderrahmen für mein Bild, welches seit dem über meinem Bett hängt!

Die Geburt des Lichtes!

Meine Geburt des Lichtes ereignete sich mit meinem Schlaganfall! Da bin ich über mein Höheres Selbst zu Gott aufgestiegen, habe mich bewusst in Gottes Hände gelegt! Als mein Bild „Die Geburt des Lichtes" eingerahmt einen Platz in unserem Schlafzimmer bekam, war mein sechster Geburtstag! Ich feiere diesen Tag als die Geburt meines Lichtes! Manch einer würde diesen Tag als traurigen Tag nehmen. Für mich ist es Tag der Freude! Die Geburt meines Lichtes!

In meinem Horoskop ist mein Aszendent Jungfrau. Der Aszendent zeigt uns das, wohin wir uns entwickeln in diesem Leben. Jungfrau ist Heilung. Meine Seele will heilen. Und diese Heilung begann mit meinem Schlaganfall! Als Geburt des Lichtes! Mit Gott bin ich im Licht geboren! Ich durfte mitten im Leben vor Gott treten und vollkommen inkarnieren! Die Geburt des Lichtes! Jetzt bin ich Martina Nayalavee!

Zugang zur Akasha-Chronik

Ich sitze weiter im Rollstuhl, trainiere fleißig! Ich verzweifle nicht! Ich gehe bewusst mit Gott!

Nach sechs Jahren im Rollstuhl bin ich mit meinem Mann im Elektrorollstuhl am so genannten steinernen Tisch, am Fuße der Fahner Höhe, der Wald, ganz in unsere Nähe. Ich bete ein Vaterunser und bitte Gott, dass das Beste für mich geschieht. Ich möchte wieder laufen. Ich beuge mich im Elektrorollstuhl weit nach vorn, löse den Gurt, dass es möglich wird, aufzustehen.

Da fühle ich, wie mich eine unsichtbare Hand in den Rollstuhl zurückdrückt. Plötzlich sehe ich vor meinem inneren Auge die Akasha-Chronik, das Buch des Lebens. Hier sind alle Geschehnisse und sämtliche Leben aller Wesen enthalten.

Gott sagt mir: „Stelle deine Fragen!" Und ich erhalte Antworten. Ich sehe, dass ich vollkommen geheilt bin! Ich sehe, dass ich wieder laufen werde! Ich sehe, welche Bedeutung verschiedene Beziehungen für mich haben!

Mit meiner Kunsttherapeutin war ich in einem früheren Leben in einem Kloster. Dort haben wir die Gebetsstunden gemeinsam geleitet. In diesem Leben haben wir eine tiefe Verbindung und fühlen beide, dass uns gemeinsam etwas führt! Gott hat uns zusammengeführt!

 Ein paar Tage später hole ich für eine liebe Freundin Informationen aus der Akasha-Chronik. Vorher wurde ich von Gott gefragt, ob ich bereit bin, auch für andere Informationen aus der Akasha-Chronik zu überbringen.

Anfänglich zögerte ich. Dann kam meine Freundin und der Anfang war getan!

Ich sehe, was ich zu tun habe! Es geht nicht nur darum, wieder körperlich zu laufen. Es geht um mehr! Es geht um:

Bewusst auf höhere Ebenen zu gehen

Früher, als Heilpraktikerin, praktizierte ich Reiki, arbeitete mit schamanischen Techniken.

Bei all diesen Dingen wird viel über die Kräfte des Verstandes geregelt. Psychologische Verstandesdinge bestimmen den Weg!

Durch meinen Schlaganfall habe ich eine völlig neue Sichtweise erlangt!

In den spirituellen Techniken gehen wir vom Verstand geführt, während wir auf etwas warten, was auf uns kommt.

Ein höheres Bewusstsein fällt nicht zu uns herab, sondern wir müssen unser Bewusstsein selbst erhöhen.

Es gehen keine Tore auf, sondern wir müssen unsere Tore öffnen!

Als Behinderte im Rollstuhl durfte ich mich höheren Ebenen öffnen und bewusst auf höhere Ebenen gehen! Ich kann Verstorbene erkennen und mit ihnen auf hoher Ebene in Kontakt treten.

Ich wollte einfach nur wieder auf meinen Beinen gehen, doch Gott schenkte mir Flügel, um in die Akasha-Chronik zu sehen!

Manch einer würde jammern, hätte er mein Schicksal ertragen müssen. Die Jammerer fragen häufig: „Warum geschieht mir das?"
Ich frage nicht Warum! Ich erkenne: Dafür! Und ich sehe in allem das Gottesgeschenk!
Für meine Heilung sitze ich im Rollstuhl! Für die Geburt meines Lichtes musste ich ins Tal absteigen. Dafür wurde mein wahres Licht, Nayalavee geboren!
Mit den hohen geistigen Ebenen darf ich kommunizieren! Aus der Akasha-Chronik darf ich Informationen holen! Dafür war der Heilweg! Mein Schlaganfall und die Reise im Rollstuhl waren kein Zufall! Es gibt keinen Zufall! Es gibt nur einen göttlichen Plan!
Im göttlichen Plan wird uns nichts aufgezwungen! Wir werden auf Seelenebene immer gefragt!

Der freie Wille

Vor der Inkarnation entscheidet unsere Seele, was sie entfalten und lernen möchte. Dann bekommen wir dafür Gottes Segen!
Zu allem, was ich jetzt erlebe, hat meine Seele „Ja" gesagt! Ich wurde zu nichts gezwungen! Meine Seele hat es so entschieden! Meine Seele wollte heilen!
Weiter auf der Erde habe ich die Wahl, mich zu entscheiden zwischen Licht und Dunkelheit, zwischen Liebe und Angst!
Gott hat mich zu nichts gezwungen!
Von den himmlischen Ebenen wird unser freier Wille akzeptiert. Ich kann mich entscheiden zwischen: Licht und Dunkelheit!

Das Passende finden

…, zwischen Liebe und Angst!

In medizinischen und therapeutischen Kreisen wird oft mit Angst gedroht. „Wenn du nicht mehr wöchentlich zur Ergotherapie kommst, wird es schlechter werden", drohten meine ehemaligen Ergotherapeuten, ich solle bei der Kasse Einspruch erheben. Oder ich solle selbst zahlen. „Sonst wird es schlechter!" Das ist eine Drohung! Damit sichern sich die Therapeuten zahlende Patienten!

Mit Angst ist Geld zu verdienen! Das Geschäft mit der Angst! Ich lasse mich nicht auf die Angst ein! Ich vertraue dem Licht! Inzwischen habe ich die Ergotherapie gewechselt!

Meine ehemaligen Ergotherapeuten überzeugten mich vor zwei Jahren, eine Woche Intensivtherapie in Anspruch zu nehmen. „Das wird dich voranbringen", versprach man mir. Mit einem epileptischen Anfall brachte es mich in eine neurologische Klinik. Das war zu viel für meinen Körper!

„Das wird dich voranbringen", hatten mir die Therapeuten versprochen. Es hat mich vorangebracht! Ich habe erkannt, dass diese Therapie nicht richtig für mich ist. Inzwischen habe ich die Ergotherapie gewechselt und bin sehr glücklich darüber.

In meiner ehemaligen Ergotherapie musste ich viel stehen. „Stehen kommt vor dem gehen", sagte man mir. Ich hatte das Gefühl, dass ich in der Therapie stehen bleibe und nicht weiter komme!

Meine jetzige Ergotherapeutin bringt mich in Bewegung! Und ich fühle, das ist gut für mich! Ich möchte ja wieder in Bewegung kommen!
Ich hatte den Mut etwas anderes auszuprobieren! Und wurde belohnt!
Manchmal muss man erst etwas tun, was nicht passt, um über diesen kleinen Umweg das Richtige zu finden!
Nicht alle Straßen führen ins Ziel. Manchmal müssen wir auch Umwege gehen!
Auch auf Umwegen können wir das Passende finden!
Wir wissen nicht, was passt, aber wir können es fühlen! Unser Gefühl ist die Navigation und führt uns zu dem, was passt.
In der ersten Zeit nach meinem Schlaganfall war ich zu regelmäßigen Kontrolluntersuchungen in einer neurologischen Klinik: Immer wurde mein Aneurysma untersucht. Dabei ging man über die Leiste mit einer starren Sonde durch Gefäße bis zum Aneurysma. Diese Untersuchung ist nicht ungefährlich. Ich entschied mich dann, keine weiteren Untersuchungen mehr durchführen zu lassen. Das teilte ich dem Chefarzt mit und sagte ihm: „Ich fühle, dass weitere Untersuchungen nicht gut für mich sind!" Der Chefarzt sah mich an, nickte voller Verständnis und sagte: „Ihrem Gefühl sollten Sie vertrauen!"
Ich vertraue meinem Gefühl! Ich bin mir bewusst, mein Leben liegt in Gottes Hand! Ich muss nichts mit Untersuchungen absichern! Ich bin sicher getragen und geborgen in Gottes Liebe! Untersuchungen können mir nicht mehr Sicherheit geben!

Gott ist meine Sicherheit

Ich bin getragen und geborgen in Gott! Gott hat mir nach meinem Schlaganfall ein neues Leben geschenkt, während Ärzte abwarten mussten, ob ich überlebe!

Gott hat mich durch meine Behinderung getragen, dass es für mich erträglich blieb! Gott schenkt mir Geborgenheit! Gott nimmt mir mein Schicksal nicht ab! Meine Seele wollte den Heilweg gehen! Gott lässt mich meinen Weg gehen! Ich gehe in Gottes Segen! Das heißt auch, Gott traut mir zu, dass ich diesen Weg gehe! Das macht mir Mut und gibt mir Zuversicht!

Ich brauche keine Scheinsicherheiten durch Untersuchungen!

Gott ist meine Sicherheit!

Untersuchungen sind nur Scheinsicherheiten. Sie sind nur eine Momentaufnahme und eine Sekunde später kann schon etwas anders sein!

Viele Frauen mit Brustkrebs erzählten mir: „Ich war doch immer zur Mammografie!" Andere mit Darmkrebs waren regelmäßig zur Darmspiegelung! Heute ist die Untersuchung und morgen beginnt ein Tumor zu wachsen. Wenn man diesen dann nach langer Zeit findet, kann es zu spät sein!

Untersuchungen sind nur eine scheinbare Sicherheit! Wirkliche Sicherheit gibt es im Irdischen nicht!

In Gottes Hand liegt unser Leben! Und es geschieht das, was im Plan steht, was unsere Seele sich ausgesucht hat! Ob mit oder ohne Untersuchung!

Verantwortung

Wenn ich weitere Untersuchungen ablehne, übernehme ich dafür die Verantwortung!
Für unsere Gesundheit und unser Leben legen wir gern die Verantwortung in die Hände der Mediziner! „Sie müssen ja wissen, was mir fehlt!"
Warum sollen andere besser wissen, was mit mir ist? Jeder fühlt selbst am besten, wohin der Weg gehen sollte! Das Problem dabei ist nur, dass die meisten selbst keine Verantwortung übernehmen wollen und regelrecht Angst davor haben! Es ist leichter, dem Arzt die Verantwortung zu überlassen! Denn dann haben wir jemand, der im Notfall schuld ist! Und wir können unsere Hände in Unschuld waschen!
Der Grund dafür, die Verantwortung abzugeben, liegt einzig und allein darin, nicht schuld sein zu wollen! Es ist leichter anderen die Schuld in die Schuhe zu schieben!
Ich erinnere mich an meine frühere Praxiszeit. Ich schlug therapeutisch etwas vor und fragte dann den Patienten, ob das in Ordnung ist. „Das musst du doch wissen", war dann eine häufige Antwort. Ich sagte dann, dass ich mein Wissen bereits kundtat, dass es jetzt aber um die Entscheidung geht. Und diese treffe nicht ich, sondern jeder selbst!
Wenn wir eine Entscheidung treffen, übernehmen wir die Verantwortung!

Entscheiden

Viele möchten auch keine Entscheidungen treffen. Dann sind sie nicht verantwortlich dafür, was geschieht! Sie bleiben unschuldig.
„Wieso lässt Gott so etwas zu?", fragen manche in Anbetracht von Leid!
Gott lässt alles zu! Gott nimmt uns keine Entscheidungen ab! Gott akzeptiert unseren freien Willen und lässt uns unseren Weg gehen. Gott zwingt uns zu nichts. Gott segnet unseren Weg, auf den wir selbst zur Einsicht kommen können! Denn:

Das Leben ist unser bester Lehrmeister

Im Leben dürfen wir Einsichten gewinnen, uns entscheiden zwischen Licht und Dunkelheit, zwischen Liebe und Angst.
Das Leben ist unser bester Lehrmeister!
Und wenn wir durchs dunkle Tal wandern müssen, haben wir hoffentlich noch ein göttliches Licht im Herzen, das leuchtet!
Meine Seele wollte den Heilweg gehen! Nun kann ich mich nicht beklagen, wenn es schwer ist! Meine Seele hat einer anderen Seele versprochen, sie aus der Dunkelheit ins Licht zu holen! Jetzt muss ich erleben, dass diese Seele sich selbst entscheiden muss, zwischen der Dunkelheit seiner Herkunft und dem Angebot meines Lichtweges! Dabei muss ich mich neben Dämonen im Licht halten! Ich erlebe, wie schwer es ist, neben den Dämonen zu sein und tapfer den Weg des Lichtes zu gehen!

Es ist mein Heilweg, den Gott gesegnet hat! Und das Leben ist mein Lehrmeister. „Dieser Weg wird nicht einfach sein. Dieser Weg ist steinig und schwer", singt Xavier Naidoo! Dieser Song ist nicht für mich, er ist für viele.

Viele gehen steinige, schwere Wege! Ich verneige mich ehrfürchtig vor jedem Weg und vor jedem, der seinen Weg mutig und tapfer geht!

Viele der mutigen Seelen durfte ich begleiten! Dafür bin ich dankbar! Ich danke meinen Eltern, meiner Oma, meiner Omi, ich danke meiner Freundin Jana, meiner Freundin Marion. Ich danke diesen mutigen Seelen, denen ich in ihren schweren Stunden nahe sein durfte! Ehrfürchtig, voller Respekt verneige ich mich!

Ich verneige mich auch vor meiner tapferen Seele, die so mutig ist, diesen schweren Weg zu gehen! Ich verneige mich vor Gott, der meinen Weg gesegnet hat und mir zutraut, dass ich ihn gehe!

Lehrmeister Leben lässt mich einsehen: Da habe ich mir zu viel vorgenommen! Es ist so groß, dass ich daran zerbreche! Es ist so groß, dass es in meine kleinen Hände nicht passt! Ich lege es:

In Gottes Hände

..., sie sind größer als meine.

Und ich trete zu Gott, gebe meine Schwäche zu!

Ich gebe zu, dass ich einsehe, dass ich dieses Versprechen nicht halten kann! Es ist zu groß für mich! Ich habe mir als Seele etwas vorgenommen, was zu groß für mich als Mensch ist!

„Es ist so groß, Gott! Es gehört in deine Hand! Und dorthin gebe ich es!" Ich halte es Gott hin. Gott segnet es, dann fühle ich Gottes Hand auf meinem Haupt. Gottes Segen durchströmt mich und ich höre Gottes Worte in mir: „Gut, mein Kind! Du siehst es ein, dass es zu groß für Dich ist! Ich nehme es zurück"!
Ich konnte dieses Karma nicht lösen! Das kann nur Gott!
Es ist zu groß für einen Menschen! Ein Mensch ist nicht größer als Gott!
Ich danke Gott!

Sich klein zeigen vor Gott

Menschen neigen dazu, vor anderen zeigen zu müssen, dass sie alles schaffen, dass sie alles können! Menschen möchten nicht schwach sein! Nicht klein sein!
Vor Gott gebe ich heute zu, dass ich schwach bin, dass ich klein bin!
Dass ich nur ein Mensch bin!

Gedicht: Ich bin nur ein Mensch

Großer Gott,
ich halte Dir hin,
was für mich zu groß!
Weil ich ein Mensch bin!
Ich bin aufgewacht!
Das ist für dich gemacht!
Da hab ich mir Großes vorgenommen!
Bin nicht weit gekommen!

Als Mensch bin ich aufgewacht!
Du Gott, hast das Licht gemacht!
Ich bin nur ein Mensch,
der zu Deinem Licht aufschaut!

Menschsein

… heißt kleiner als Gott sein!
Viele Menschen, die auf spirituellen Wegen sein möchten oder sich als Heiler berufen fühlen, stellen sich gern auf eine göttliche Stufe.
Ich denke an einen Heiler, der mich anfänglich begleitend in der Reha behandelte. Er sagte oft: „Mache ich weg!" Gar nichts hat er weggemacht! Mein Geld hat er von mir weggemacht und zu seinem gemacht! Mein Mann hat ihm viel Geld bezahlt! Für nichts! Er war auch unterwegs, dachte, er sei so groß wie Gott und er macht alles weg! Da sind wir auf einen schönen Heiler hereingefallen!
Ein ehemaliger Patient von mir fühlte sich auch zum Heilen berufen. Er besuchte mich in der Reha und meinte, mich heilen zu können, zu müssen und zu dürfen! Als ich ihn dann bat, nicht mehr zu kommen, reagierte er beleidigt! Alles nur Ego!
Wir sind alle nur Menschen!
Ich nehme abends Helianthus annuus! Die Sonnenblume wendet sich dem Licht zu und schaut nach oben! Sie ist nicht die Sonne. Sie ist nur die Blume, die die Sonne empfängt!
Der Mensch wendet sich Gott zu! Der Mensch ist nicht Gott! Der Mensch ist nur Mensch, der göttlichen Segen empfängt!

Im Leben dürfen wir uns als Mensch erkennen, in unserem Menschsein!
Ein Mensch ist kein Gott und schon gleich nicht größer als Gott!
Viele meinen, auf einem spirituellen Weg zu sein oder stellen sich mit Gott auf eine Stufe. Manch einer ernennt sich selbst zu etwas Besonderen und meint ein Auserwählter zu sein!
Ich habe zwei selbsternannte Heiler kennen gelernt und erkannt, dass sie nur als Egoheiler auftreten und ihr Ego hat sich selbst zum Heiler ernannt!

Gedicht: Ich habe dich erkannt!

Du hast Dich selbst ernannt!
Ich habe Dich erkannt!
Ein Ego hat Gott uns nicht gesandt!
Gott schickt uns die mit Flügeln!
Du aber bist einer mit Lügen!
Ich habe dich erkannt!
Du darfst weitergehen!
Ich habe dich nicht bestellt!
Du gehörst nicht in meine Welt!

Der spirituelle Mensch

Vor einigen Jahren schrieb ich ein Buch: „Spirituell sind die Anderen"!
Damals erkannte ich, dass sich wahre Spiritualität von einer Pseudospiritualität unterscheidet.
Heute bin ich nach einem Schlaganfall durchs tiefe Tal gegangen und bin Gott begegnet! Ich habe das Licht gesehen! Ich erlebe den Spirit im Leben! Gott

hat mir ein zweites Leben geschenkt! Ich erlebe den Spirit in jedem Augenblick! Die Reise, gelähmt und behindert im Rollstuhl, war die spirituellste Reise meines ganzen Lebens! Ich bin aufgewacht! Ich bin erleuchtet! Im dunklen Tal hab ich ein Licht gefunden! Gott hat mich durchs dunkle Tal gehen lassen und im Licht, in Gott, bin ich angekommen! Ich habe den Spirit des Lebens berührt. Mein spiritueller Weg hat mich geheilt! Ich bin in Gott getragen!

Ich bin früher vielen Menschen begegnet, die von sich behaupteten, ein spiritueller Mensch zu sein. Weil man mal etwas über Engel gelesen hat, ist man noch lange nicht spirituell! Auch in einem Vortrag bei einem selbsternannten Guru zu sitzen, der um die halbe Erde fliegt, besagt nicht, dass man spirituell ist. Auch eine Reikieinweihung macht uns noch nicht spirituell!

Ich bin im Tal des Lebens durch die Dunkelheit gegangen, habe vor Gott gestanden! Ich habe Gottes Segen empfangen! Ich habe den Geist des Lebens berührt! Durch die Dunkelheit zum Licht!

Ich bin über mein Höheres Selbst verbunden mit Gott!

Und nach dieser Erfahrung wage ich es zu sagen:

Ich bin erleuchtet!

Erleuchtet im Rollstuhl!

Den Heilweg bin ich gegangen und wage mir jetzt zu sagen:

Jetzt bin ich ein spiritueller Mensch!

Der Spirit in mir ist erwacht!

Ich erkenne mein kleines Menschsein!

Und meinen Geist, der sich nach oben richtet und erkennt, dass das Höhere da oben ist!
Ich bete: „Vater unser im Himmel…"! Ehrfürchtig verneigt sich das kleine Menschsein vor dem großen Gott!

Anerkennung des Höheren

Im Tal des Lebens habe ich erkannt, dass über mir und in mir Höheres wirken darf!
Es gibt Höheres, als ich! Das lässt mich demütig sein! Und es macht mich klein!
Es nimmt mir auch Last, immer alles schaffen zu müssen, immer stark sein zu müssen!
Ich bin demütig, knie nieder, vor dem Höheren! Gott erlaubt mir, schwach zu sein! Gott erlaubt mir Mensch zu sein!

Die Pseudospirituellen erkennen das Höhere nicht wirklich an! Sie meinen sie seien spirituell, doch in Wahrheit hängen sie im Ego! Sie verneigen sich nicht demütig! Sie meinen selbst Götter zu sein und erkennen den Mensch nicht, der sie sind, da sie selbst das Größte sein wollen! Manch einer „schwebt" als selbsternannter Heiler umher und meint der Größte zu sein! Das ist einfach nur lächerlich!
Die Pseudospirituellen erkennen das Höhere nicht, weil sie glauben, selbst das Höchste zu sein, das es gibt!
Ich kenne Pseudospirituelle, die sich auf einen Berg setzen und Mantren singen! Oben auf ihrem Berg sind sie die Größten! Wenn das Leben sie ins Tal holt,

weichen sie zurück. Da singen sie lieber Mantren auf dem Berg und warten auf Erleuchtung und auf:

Bewusstseinserweiterung

…, die allerdings nicht vom Himmel fällt!
Bewusstseinserweiterung findet statt, wenn wir uns bewusst einlassen, aufs Leben und was uns begegnet!
Bewusst gehe ich diesen Weg! Ich lasse mich ein! Ich nehme es an!
Ich halte dem Sterbenden die Hand! Ich bin da! Ich lasse mich ein!
Ich nehme es an, wenn es schwierig wird! Ich bin da! Ich lasse mich ein!
Die Pseudospirituellen hauen ab, wenn das Leben seinen Spirit präsentiert! Dafür öffnen sie ihr Bewusstsein nicht! Dafür haben sie jetzt keine Zeit!
Vielleicht müssen sie als selbsternannte Heiler andere mit ihrem pseudospirituellen Verstand beraten! Und so tun, als seien sie spirituell! Lächerlich!
Wann wird ihnen ihr lächerlicher Auftritt bewusst? Dann wäre ihr Bewusstsein erweitert!
Wir erweitern unser Bewusstsein auf das, auf das wir uns einlassen!

Einlassen

…, auf das, was ist. Unseren Geist ausrichten auf das, was ist. Das tut der Spirituelle!
Der Pseudospirituelle schließt die Augen vor dem, was ist! Er will mit dem Leben nichts zu tun haben, wenn es schwer wird.

Früher hatte ich zwei selbsternannte Freundinnen, die an mir hingen und von mir Wissen zapfen wollten! Sie ließen sich in Reiki einweihen, lernten schamanische Techniken.

Am Anfang, nach meinem Schlaganfall, besuchten sie mich ein paar Mal. Dann waren sie verschwunden!

Früher zapften sie mein Wissen an, auch spirituelles Wissen. Als es dann wirklich spirituell wurde, waren sie verschwunden!

Die, die jetzt da sind und sich jetzt auf mich einlassen, sind die wahren Spirituellen!

Mit meiner Kunsttherapeutin bin ich auf spirituellen Pfaden, in der Therapie und in unseren Gesprächen. Wir lassen uns ein, in unsere Kunst und auf unser Sein!

Mit meiner Freundin Rosi gibt es spirituelle Begegnungen. Letztes Wochenende half sie mir, ein eigenes Kartenorakel zu kreieren, mit Kraftkreisen und Botschaften. Auf den Rückseiten der Karten stehen meine Initiale „MN", Martina Nayalavee! Mein Vorname, auf den ich in diesem Leben getauft wurde und mein Seelenname. Meine Freundin half mir meine Karten zu laminieren.

Und dann weihte ich diese Karten. Mögen sie mir die göttliche Wahrheit überbringen! Es gibt nun zwölf Karten in diesem Set, die ich befragen kann.

Die richtige Zeit

Als ich sie kreierte, stand der Mond im Krebs! Das bedeutet Intuition. Intuitiv ließ ich mich führen, welche Botschaften auf den Karten stehen! Es geschieht nichts zufällig!

Heute steht der Mond im Löwen. Meine Friseurin hat mir meine Haare geschnitten. Das ist ein günstiger Tag für eine Löwenmähne. Das erzählte ich der Friseurin. Sie sagte: „ Du hast doch schon eine Löwenmähne!" Ja, ich habe mir ja auch immer im Löwemond die Haare schneiden lassen!

Nicht immer ist es möglich, den Zeitpunkt für etwas selbst zu entscheiden!

Doch wo wir die Möglichkeit haben, sollten wir sie nutzen!

Der Mondkalender ist dafür ein gutes Instrument. Heute ist Löwemond. Ich frage meine Karten, was mich noch mit meinem ehemaligen Mann verbindet! Es kommt die Vollendung.

Gutmachen, was wir bereuen

Seit ich aus dem Koma erwacht bin, ist es ein Wunsch, meinen ersten Mann zu sehen, um ihm zu sagen, dass es mir leid tut, ihm so wehgetan zu haben.

Wir trennten uns, weil es mich zu einen anderen getrieben hat! Heute kenne ich den Grund: das Karma!

Und ich fühlte mich getrieben!

Während der Trennung verletzte ich meinen damaligen Mann! „Sie mussten so sein, dass Sie gehen konnten!", sagte mir eine Shiatsu-Therapeutin, die mich anfänglich eine zeitlang behandelte. Das war kein Trost! Ich hätte nicht so sein müssen! Eine Trennung in Liebe wäre möglich gewesen! Nun ist es mir ein Herzensbedürfnis, meinem Exmann in die

Augen zu sehen und zu sagen, dass es mir leid tut, ihn so verletzt zu haben!

Mein Mann wird mich zu meinen Exmann fahren, dass ich mit ihm reden kann. Dafür muss ich eine Bedingung erfüllen: „Wenn du laufen kannst!", lautet die Bedingung, die mein Mann auch dafür stellt!

Ich möchte gern etwas Wiedergutmachen, was ich bereue!

Es ist Löwemond! Er ist die Herzensenergie! Ich befrage meine Karten, was mich zu meinem Exmann zieht und was unsere Beziehung noch braucht. Ich bekomme eine Antwort über mein eigenes Kartenorakel! Es braucht die Vollendung! Ich begreife:

Wir haben uns in Verletzungsenergie getrennt!

Die Vollendung ist, dass ich sage: „ Es tut mir leid"!

Dann ist die Beziehung in Liebe vollendet!

Was wir bereuen, sollten wir wiedergutmachen, solange es möglich ist! In der Todesstunde leiden wir unter den Dingen, die wir bereuen und unter dem, was wir nicht gemacht haben!

Das habe ich meinen Mann schon einige Male erklärt und gebettelt, er möge mich hinfahren, um mein Herzensbedürfnis zu erfüllen! Oft, wenn wir in der Stadt sind und in der Nähe von meinem Exmann zum Einkaufen sind, habe ich gebeten. Mein Mann fragte mich dann provokant: „Kannst du laufen?" Ich habe die Bedingung nicht erfüllt, die mein Mann stellt. Das mich eine Begegnung vielleicht entlastet und das Laufen möglich macht, will mein Mann nicht wahrhaben! Er hält stur an seiner Bedingung fest!

Gegen Gefühle ist er immun! Das ist so! Ich kann es nur nehmen, wie es ist! Ich kann nichts dagegen tun!

Dämonen sind geblendet im Licht

..... und verstecken sich in der Dunkelheit!
Als Seele, dachte ich, eine Seele mit ins Licht zu nehmen und von dämonischen Kräften zu befreien!
Dabei geriet ich fast selbst in die Fänge von Dämonen. Denn ein ganzer Clan dämonischer Energie steht hinter der Seele, die ins Licht möchte!
Ich sehe jetzt im Leben ein, dass das, was ich mir als Seele vorgenommen habe, zu groß für mich ist! Ich habe es in Gottes Hände gelegt! Ich bin als Mensch zu klein!
Dämonen verstecken sich in der Dunkelheit!
Mein Licht leuchtet in die Dunkelheit! Die geblendeten Dämonen rennen weiter in die Dunkelheit, um dem Licht auszuweichen!
Ich habe erkannt:

Jeder kann nur selbst ins Licht gehen!

Das kann kein anderer tun! Ich kann eine andere Seele nicht mit ins Licht nehmen! Sie muss selbst mitkommen und selbst ins Licht gehen!
Es kann kein Mensch einen anderen heilen!
Jeder kann sich nur selbst heilen! Ein anderer kann vielleicht einen Impuls geben, wie ein homöopathisches Mittel eine Information gibt!
Mit dem Impuls oder der homöopathischen Information heilt sich der Empfänger dann selbst!

Damit ist klar: Ich kann keine andere Seele mit ins Licht nehmen! Da hat sich meine Seele etwas vorgenommen, was im Leben nicht möglich ist!
Ich bin nur ein kleiner Mensch! Ich bin nicht Gott!
Ich bin nur die Sonnenblume und nicht die Sonne!

Bewusst gehen

… heißt dieses Buch!
Bewusstlos lag ich nach meinem Schlaganfall sterbend im Wohnzimmer! Ich hatte mein Bewusstsein verloren. Als ich Wochen später aus dem Koma erwachte, im Rollstuhl saß, trat ich in ein neues Bewusstsein!
Vieles ist mir erst bewusst geworden, als ich durchs dunkle Tal wanderte!
Ab jetzt gehe ich bewusst! Der Anfang eines bewussten Gehens war ausgerechnet, als mein Körper nicht mehr gehen konnte!
Bewusst möchte ich eine Beziehung in Liebe vollenden, die ich vor dreißig Jahren bewusstlos zertrampelt habe!

Gedicht: Bewusst möchte ich gehen

Bewusst möchte ich gehen!
Um das zu verstehen,
musste ich in die Dunkelheit sehen!
Mein Bewusstsein hab ich verloren!
Ein neues wurde geboren!

Ich habe mir geschworen,
bewusst möchte ich gehen!

Bewusst fühlen

Zum Nachmittagskaffee sitzen wir auf unserer Ost-Terrasse vorm Eingang. Die kleine Miezekatze ist dabei. Sie schmiegt sich an mein linkes Bein, tippt sanft mit ihren Tätzchen auf den gelähmten Fuß! Ich kann Berührung fühlen. Ganz bewusst fühle ich. Das ist gut! Die Sensorik kommt vor der Bewegung. Ich kann etwas nur bewegen, wenn ich es fühle.
Heute Mittag hatte ich aus meinem Kartenset für heute das Wunder gezogen! Es ist ein Wunder, dass diese kleine Katze hier bei uns ihre Heimat gefunden hat. Ihre Mutter hat sie hier geboren und war dann verschwunden. Neben unserem Hühnerstall hat mein Mann die kleine Katze entdeckt. Am Anfang kam die Mutter ab und zu, dann tauchte sie nicht mehr auf. Jetzt ist die kleine Katze hier, tippt sanft auf meinen gelähmten Fuß. Es ist eine heilende Berührung. Ich fühle mein Bein! Hat Gott mir diese kleine „Heilerin" gesandt?
Ich gebe von meinem Kuchen ein kleines Stückchen meiner kleinen Heilerin. Ich lege es rechts neben mir auf den Boden. Die kleine Katze isst es komplett auf. Ich streichele ihr Fell. Sie schnurrt. Sie genießt die Berührung! Ich fühle das weiche, seidige Fell, höre das Schnurren und entspanne zutiefst.
Später fahren wir zum Friedhof. Ich sitze am Grab meiner Eltern, fühle mein Bein. Heute kann ich mein Bein gut auf der Fußraste halten, als wir über den holprigen Feldweg fahren! Was man fühlt, kann man

auch benutzen und steuern! „Sensitivität kommt vor der Aktivität", habe ich als Krankenschwester im Neurologieseminar gelernt!

Hinter dem Friedhof fliegen ganz viele weiße Schmetterlinge umher!

Meine Tageskarte für heute ist das Wunder. Überall die Wunder. Die kleine Katze, die mich berührt und ich fühle mein Bein, kann es stabil halten! Die weißen Schmetterlinge hinterm Friedhof! Überall geschehen Wunder! Wir müssen sie nur sehen!

Vor der Nacht nehme ich Helianthus annuus. Beim Abendgebet fühle ich bewusst:

Ich bin nur ein kleiner Mensch und lebe in Gottes großer Wunderwelt!

Wer die kleinen Wunder nicht ehrt, ist die großen nicht wert!

Mein Mann sagt, es wäre schön, wenn ich durch die Berührung der kleinen Katze laufen könnte. Menschen erwarten immer gleich große Wunder! Vor lauter Erwartungen an das Große sehen sie das Kleine nicht! Die vielen kleinen Wunder, die heute geschahen, sind einfach wunderbar!

Die Berührung der kleinen Katze, die ich fühlte! Die neue Stabilität in meinem gelähmten Bein! Die weißen Schmetterlinge hinterm Friedhof!

Ich lebe in Gottes wunderbarer Schöpfung! In einer Welt voller Wunder! Danke!

Ganz bewusst gehe ich in meinem Leben auf meiner Heilreise durch eine Welt voller Wunder!

Ich sehe die vielen kleinen Wunder, die täglich überall geschehen!

Gottes Welt ist voller Wunder und in Fülle!

In Gottes Welt leben die, die an Gottes großartige Schöpfung glauben! Die, die die Welt fühlen! Andere, die nur über den Mangel klagen, weil sie sich für den Mangel entschieden, leben abseits göttlicher Fülle! Sie zweifeln und hadern! Sie sehen die Fülle nicht! Meine heutige Tageskarte ist die Fülle!
Ja; ich bin halbseitig gelähmt, behindert im Rollstuhl! Und ich sehe überall die Fülle, in der ich lebe! Ich habe dieses wundervolle Kartenset kreiert! Ich bin in Fülle. Meine Freundin Rosi half mir, die Karten zu erschaffen. Meine Kunsttherapeutin hilft mir, mich künstlerisch zu verwirklichen und bewusst kreativ zu gehen! Ich habe einen Kreis von wunderbaren Menschen um mich, mit denen ich in Gottes Wunderwelt der Fülle sein kann!
Ich lebe nicht im Mangel! Ich hadere nicht mit meinem Schicksal!
Alles, was ich brauche, muss ich nicht suchen! In Gottes Fülle ist genug für mich da! Alles, was gut für mich ist, kommt zu mir! Die kleine Katze hat die Katzenmutter hier, auf unserem Grundstück, geboren! Ganz von selbst kam sie, ohne dass ich suchte! Gott schickt mir das, was ich brauche! Nicht das, was ich suche!
Gott schickt mir das, was ich brauche! Ich muss nicht suchen!

Genießen

Bekannte kommen mit Kuchen zum Nachmittagskaffee. Wir sitzen bei warmem Sommerwetter am Gartenteich, im Schatten, genießen Kaffee und Kuchen. Wir reden miteinander, tauschen uns aus! Ich erzähle den beiden spirituellen Menschen von meiner Begegnung mit der Akasha-Chronik. Ich betete, um zu laufen, bekam keine irdischen Schritte, sondern geistige. Es ist o.k.. Was Gott uns schenkt ist das Richtige. Meine Bekannten wissen, was die Akasha-Chronik ist. Ich muss nichts erklären. Es ist einfach angenehm, wenn man mit Menschen reden darf, mit denen man auf einer Ebene ist!

Die gleiche Sprache sprechen

Mit Menschen, mit denen man sich einfach versteht, ist es unkompliziert. Wir sprechen die gleiche Sprache.

Später kommt meine Kunsttherapeutin um etwas abzuholen. Ich zeige ihr mein selbst kreiertes Kartenset. Ich muss wieder nichts erklären. Wir sprechen die gleiche Sprache. Wer die gleiche Sprache spricht, braucht weniger Worte! Denn man muss weniger erklären.

Nach dem Abendessen beginnen wir mit einer Spazierrunde. Es beginnt zu regnen, wir kehren um.

Zu Hause springt die kleine Katze durch den Garten, als wollte sie uns ihre Freude zeigen, dass wir wieder da sind.

Die Katze tanzt um meinen Rollstuhl herum. Ich muss achtsam sein, dass ich sie nicht überrolle.

Ich fahre mit dem Lift zum Eingangspodest. Neben mir springt die Katze die Treppen hinauf und ist viel schneller als ich. Sie ist vor mir angekommen und sieht mich an. Sie schaut aus, als würde sie lächeln und mir sagen: „Sei nicht traurig, bald kannst du auch wieder auf deinen Beinen gehen!" Wir brauchen keine wirklichen Worte, da wir eine gemeinsame Sprache sprechen, die Freude heißt.

Die Katze vermittelt mir eine Botschaft. Sie zeigt mir das, was wir am meisten brauchen, um zu heilen. Es ist Liebe, Freude und Glück!

Jeder ist seines eigenen Glückes Schmied

Viele meinen, man könne nur glücklich sein, wenn man heil und gesund ist.

Dem möchte ich entschieden widersprechen.

Ich bin nach einem Schlaganfall halbseitig gelähmt und sitze seit sechs Jahren im Rollstuhl.

Ich nehme mein Schicksal an und bin glücklich.

Glück entsteht nicht durch Umstände, in denen wir leben!

Glück entsteht in uns!

Nicht die Lebensumstände machen uns glücklich.

Wir machen uns selbst glücklich.

Glück ist ein Gefühl. Gefühle kommen nicht von außen in uns! Gefühle entstehen in uns!!! Ein anderer Mensch kann uns nicht glücklich machen. Glücklich machen wir uns immer nur selbst!

Ein anderer Mensch kann uns nicht ärgern! Wir können uns nur selbst ärgern! Ein anderer kann etwas tun, was wir ablehnen. Und das löst in uns das Gefühl des Ärgers aus. Wenn wir uns diesem Gefühl hingeben, ärgern wir uns!

Ein anderer kann etwas tun, was wir toll finden. Das löst in uns das Gefühl des Glücks aus. Geben wir uns dem Gefühl hin, sind wir glücklich!

Es kann auch gar nichts im Außen geschehen und wir nehmen unser Leben an, wie es ist. Das macht uns zufrieden. Und wir fühlen uns glücklich!

Jeder ist seines eigenen Glückes Schmied!

Ich sitze sechseinhalb Jahre im Rollstuhl. Ich kann damit hadern und darüber verzweifeln!

Ich nehme es an und bin glücklich!

Glück ist nicht davon abhängig, ob ich laufen kann! Es gibt viele, die laufen und unglücklich sind!

Ich habe Menschen getroffen, die schweres Schicksal ertragen und trotzdem strahlen!

Ich denke an meine Freundin Marion, die sterbend im Bett eines Hospizes lag und mich anlächelte. Sie strahlte!

Ich denke an meinen Vater, der in seiner Krebserkrankung quälende Schmerzen erleiden musste. Oft saß ich neben ihm, und er strahlte! Da gab es kein Jammern, kein Hadern, am Ende keinen Todeskampf!

Da war nur:

Licht

… strahlendes Licht, dass ich noch einige Tage in seinem Zimmer, in dem er verstorben war, vernahm! Das Licht kommt von Gott!

Licht strahlt in uns, wenn wir in Liebe sind! Und unsere Seele leuchtet, wie Gott sie schuf!

Ich bin durchs finstere Tal des Lebens gegangen! Dabei habe ich immer Gottes Licht gesehen und mein Licht aus meiner göttlichen Seele leuchten lassen! Im Licht weicht die Dunkelheit! Alles wird erträglich.
Viele, die mich besuchen, sagen mir, dass sie es genießen bei mir zu sein! Ich strahle! Ich sitze nicht als Opfer im Rollstuhl und jammere und zweifle!
Ich sitze in Liebe im Rollstuhl und lasse das Licht aus meiner Seele leuchten! Meine Seele ist kein Opfer im Rollstuhl! Meine Seele ist in Liebe und Licht! Wie Gott sie erschaffen hat! Ich lasse mein inneres Licht leuchten.
Meine heutige Tageskarte ist das Licht!

Der Ursprung ist Licht

Am Anfang schuf Gott das Licht. So war es auf der Erde und so ist die Seele eines jeden Menschen. Unser Ursprung ist das Licht.
Als lichtvolle Seele inkarnieren wir in einen Körper auf der Erde. Auf der Erde im Leben werden wir auch mit Dunkelheit konfrontiert. Gott hat unserem Geist den freien Willen geschenkt.
So kann unser Geist frei entscheiden und wählen zwischen:

Licht und Dunkelheit

Ich habe als Mensch den freien Willen und kann mich selbst entscheiden.

Ich sitze als Behinderte im Rollstuhl. Ich kann mich entscheiden!

Ich kann verzweifeln, hadern und ängstlich in der Dunkelheit verharren!

Oder ich kann auch das Licht sehen!

Furchtlos wandere ich durch das Tal des Lebens. Das göttliche Licht erhellt die Dunkelheit!

Ich sehe zuversichtlich das Licht!

Ich habe die Wahl zwischen Licht und Dunkelheit, zwischen Liebe und Angst.

Die Liebe entspricht dem Licht, die Angst der Dunkelheit.

Wie Licht der Gegensatz zur Dunkelheit ist, ist von Liebe der Gegensatz die Angst!

Unser Geist hat die Wahl, sich zu entscheiden:

Ich kann in Liebe und Licht leuchten!

Oder:

Ich kann auch ängstlich zweifeln und hadern!

Ich lasse mich nicht von der Angst aus der Dunkelheit einschüchtern.

Denn ich habe im Tal des Lebens Gottes Licht leuchten sehen! Ja, ich bin gefallen! Aber ich bin auch gelandet:

In Gott!

Ich bin gefallen, und im Tal des Lebens wurde ich aufgefangen, von Gott!

Da gab es keine Angst! Denn in Gott war nur Liebe!

Ich musste durchs Tal des Lebens gehen, und ich wurde gehalten und behütet, in Gottes unendlicher Liebe!

Manchmal sagen Freunde und Bekannte, dass sie mich bewundern, dafür, wie ich mit meiner Behinderung lebe!
Und oft wird mir bewusst, wie stark ich bin!
Ich hätte mir früher nicht vorstellen können, dass ich so ein Schicksal aushalten kann!
Und ich bin selbst überrascht, was ich alles aushalten kann! Wie stark ich bin!

Stark mit Gott

Gott nimmt mir mein Schicksal nicht ab!
Meine Seele wollte heilen und hat den Weg der Heilung gewählt.
Gott lässt mich diesen Weg gehen!
Gott hat meinen Weg gesegnet! Gott traut mir diesen Weg zu!
Das hat mich stark gemacht!
Mir ist bewusst:
Ich meistere diesen Weg!
Ich bin stark!
Ich bin stark, weil Gott mich stark macht!
Gott nimmt mir mein Schicksal nicht ab!
Ich darf meinen Seelenweg: den Weg der Heilung beschreiten!
Ich gehe meinen Weg!
Ich bin stark! Mit Gott!
Als Mensch allein ist es schwer, einen solchen Talweg zu durchschreiten!
Doch ich habe mich vertrauensvoll in Gottes Hände gelegt! Ich weiß, das ist der richtige Platz für mich!
Und in Gottes Händen durfte ich stark werden. Ich bin selbst überrascht, wie stark ein Mensch sein

kann! Ich bin selbst überrascht, welche Kraft ein Mensch hat!

Und ich bin mir bewusst, dass ich als Mensch nur stark bin, weil ich bewusst mit Gott diesen Weg gehe!

Wenn Gott die Sonne ist, ist ein Mensch die Sonnenblume, die im Licht der Sonne leuchtet!

Ich bin nur die Sonnenblume, nicht die Sonne!

Ich bin nur der verletzbare Mensch, der mit Gottes Liebe stark wurde, um die Verletzbarkeit durchzuhalten!

Ich bin als Mensch verletzbar! Das habe ich in diesem Leben erfahren!

Ich kann dem Schicksal nicht ausweichen! Ich kann dem Leben nicht ausweichen! Ich kann nur hindurchgehen!

Ich kann nicht entscheiden, was geschieht! Aber ich kann entscheiden, wie ich damit umgehe!

Ich kann mit dem Leben hadern, verzweifeln! Dadurch wird es allerdings nicht besser!

Ich kann es auch nehmen, wie es ist, und es wird erträglicher!

Das Leben annehmen

..., egal, wie es ist! Das ist das Geheimnis des zufriedenen Menschen!

Eine russische Ärztin erzählte mir, es gäbe in Russland viele sehr alte Menschen.

Sie fragte mich: „Was meinen Sie, welchen Grund es hat?"

Zuerst dachte ich, Ernährung, weniger Schadstoffe. Ich wusste es nicht. Die Ärztin saß auf meiner Behandlungsliege und lächelte mich an. „Menschen, die sehr alt wurden, waren zufrieden. Sie nahmen das Leben an, wie es war!", sagte die Ärztin lächelnd. Sie erschien mir auch sehr zufrieden.

Meine Omi überlebte Darmkrebs, einen Schlaganfall, saß dann nach einer Hüftoperation im Rollstuhl und lebte die letzten Jahre im Pflegeheim. Sie war immer zufrieden und nahm das Leben, wie es war. Sie haderte nie! Sie jammerte nicht! Mit 100 Jahren musste sie noch erleben, dass ihr einziger Sohn, mein Vater, starb. Die Schwestern im Pflegeheim meinten, ich solle ihr es nicht sagen. Doch sie hatte ein Recht darauf, es zu erfahren und um ihren Sohn zu trauern. So sagte ich es ihr, während ich vor ihrem Rollstuhl kniete. Dann umarmten wir uns und weinten beide. Während ich um meinen Vater weinte, weinte meine Omi mit mir um ihren Sohn.

Gefühle zulassen

Unsere gemeinsame Trauer tat uns gut.
Wir ließen unsere Tränen zu. Wir ließen zu, zu fühlen, was wir fühlten. Wir hielten uns an den Händen. Ich fühlte mich in Liebe verbunden!
Es war gut, dass ich nicht tat, was die Schwestern mir rieten, sondern meiner Intuition vertraute.
Später habe ich mit meinem Sohn meine Omi mit dem Auto im Pflegeheim abgeholt und habe sie im Rollstuhl zum Grab ihres Sohnes gebracht. Es war nicht leicht, meine Omi ins Auto zu bewegen und wieder heraus in den Rollstuhl. Aber es hat funktioniert. Ich habe es aus Liebe getan. Ein paar Tage später besuchte ich sie in ihrem Zimmer im Pflegeheim. Da nahm sie meine Hand, sah mich mit

feuchten Augen an und sagte: „Danke, dass du mit mir auf dem Friedhof warst!" Es hat ihr gut getan, was ich aus Liebe für sie getan habe.

Meine Omi starb mit 101 Jahren im Bett in ihrem Zimmer im Pflegeheim. Ich nahm Abschied von einer alten, zufriedenen Frau, die meine Großmutter ist. Durch ihr Leben gibt es auch mein Leben!

Gelassenheit

Meine Omi zeigte mir das, was mir die russische Ärztin sagte: „Die Menschen, die sehr alt wurden, waren zufrieden mit dem Leben!"

Meine Omi hatte ein schweres Leben. Sie wurde nach dem Krieg aus ihrer Heimat vertrieben, hat schwere Krankheiten überlebt. Aber sie war immer zufrieden. Zufrieden macht Gelassenheit!

Gelassenheit bedeutet auch, die Dinge zu lassen, wie sie sind! Gelassen das hinnehmen, was ich ohnehin nicht ändern kann!

„Na ja, so ist das eben! Der liebe Gott wird's schon richten!", sagte meine Omi oft.

Lassen, wie es ist! Das fällt vielen Menschen sehr schwer. Die meisten möchten alles, wie sie es wollen, wie sie meinen, dass es sein müsste! Und wenn sich dann die Erwartungen nicht erfüllen, werden Menschen unzufrieden.

Wer das Leben lassen kann, wie es ist, ist gelassen! Gelassenheit ist die Basis der Zufriedenheit!

Bewusst gehen in Gelassenheit

Gelassenheit ist nichts, was einfach von außen zu uns kommt.

Wer bewusst ist und das Leben lassen kann, wie es ist, wird gelassen.

Bewusst sein für das Leben

Viele reden von Bewusstseinserhöhung oder Bewusstseinserweiterung!

Pseudospirituelle meinen, das Bewusstsein erhöhe sich im Wassermannzeitalter selbstverständlich!

Das ist nicht einfach selbstverständlich!

Jeder einzelne Mensch muss selbst bewusst werden und bewusst sein!

Bewusst sein für das Leben! Bewusst sein für das, was uns begegnet! Bewusst sein für das, was uns umgibt!

Wenn ein Mensch bewusst ist, erweitert sich sein Bewusstsein!

Das Wassermannzeitalter ist nur die momentane Phase, in der wir uns entwickeln dürfen! Und die, die bewusst sind, erweitern ihr Bewusstsein!

Zwei Kräfte wirken

Zurzeit wirken auf der Erde zwei gegensätzliche Kräfte! Licht und Dunkelheit, Liebe und Angst, Verbundenheit und Einsamkeit! Geist und Materie!

Ich hatte bereits weiter oben beschrieben, dass wir als Mensch den freien Willen haben! So können wir zwischen den beiden Kräften wählen und uns entscheiden!

Um eine gute Wahl zu treffen, müssen wir uns der Kräfte, die wirken, bewusst sein!
Wir können wählen und mit unserem freien Willen entscheiden!
Wir sind keine Opfer äußerer Umstände! Wir sind das Wesen unserer Entscheidungen!
Ich sitze seit sechseinhalb Jahren im Rollstuhl. Ich bin kein Opfer des Schicksals! Ich bin getragen in Gott! Das Licht leuchtet! Ich bin in Liebe!

Durch Bewegung ins Gleichgewicht

Mein gelähmter Fuß schmerzt sehr.
Mein Mann versucht den Fuß aufzustellen, doch er knickt immer wieder um. Später bin ich im Rollstuhlfahrrad und schaffe es, den Fuß, wie beim natürlichen Gehen, abzurollen! Da bleibt der Fuß auf der Sohle stehen und keinerlei Schmerz ist mehr da! Das ist der Beweis, dass durch Bewegung alles selbst ins Gleichgewicht findet! Bewegung heilt!

Leben in Fülle

Ich schrieb es bereits: Ich bin kein Opfer meines Schicksals! Mir fehlt nichts! Ich habe mich zwischen den zwei Kräften, die auf der Erde wirken, entschieden!
Ich habe mich für Licht und Liebe entschieden!
In der Liebe gibt es keinen Mangel! In Liebe ist Fülle!
In Gottes Lichtwelt ist Fülle! Und es ist alles da, was gebraucht wird! Ich lebe in Fülle!

Heute beim Einkaufen habe ich mir neue Leinwände gekauft. Ich habe Raum, in dem ich mich kreativ verwirklichen kann. Ich bin in Fülle!
Meine Tageskarte ist die Fülle.
Ich sitze im Rollstuhl! Und kann nicht laufen! Na und! Was ist schon dabei?
Viele, die laufen, leben im Mangel, weil sie ihr Bewusstsein auf Mangel richten!
Ich lebe in Fülle! Weil ich bewusst die Fülle im Leben sehe! Das ist nur eine Frage der Bewusstheit!
Ein Gruß an alle Pseudospirituellen!
Bewusstseinserweiterung kommt nicht gratis geliefert mit dem Wassermannzeitalter!
Bewusstseinserweiterung ist eine Frage der Bewusstheit! Worauf richten wir unser Bewusstsein?
Richten wir es auf Mangel! Dann ist unser Bewusstsein klein und eng!
Richten wir es auf Fülle! Dann wird unser Bewusstsein groß und weit! So ist das! Es ist unsere Entscheidung! Unser Geist hat die Wahl! Da kommt keine Gratislieferung mit dem Wassermannzeitalter! Warum auch!? Gott hat uns den freien Willen geschenkt, dass wir ihn benutzen!

Bewusst die Möglichkeiten nutzen

Wir haben Bewusstsein. Das dürfen wir benutzen!
Wir haben Geisteskraft! Diese dürfen wir nutzen!
Jeder Mensch hat Talente, die er nutzen darf!
Was wir nicht nutzen, verkümmert. Wer nicht bewusst im Leben ist, dessen Bewusstsein verkümmert! Und es erweitert sich auch nicht, weil

wir das Wassermannzeitalter haben! Es erweitert sich nur, wenn wir unser Bewusstsein nutzen!
Unser Geist hat nur Kraft, wenn wir seine Kraft nutzen!
Unsere Talente entfalten sich nur, wenn wir sie nutzen!
Es ist wie mit unseren Muskeln im Körper. Ein Muskel ist nur stark, wenn wir ihn benutzen! Deshalb trainiere ich täglich in meinen Trainingsgeräten, gehe regelmäßig zur Ergotherapie und mit meiner Physiotherapeutin im Wasser laufen. Ich habe zurzeit nur eingeschränkte Möglichkeiten, meinen Körper fit zu halten. Doch ich nutze die Möglichkeiten, die ich habe, um körperliche Kraft und Energie zu stärken.

Das gute Erbe nutzen

Gestern zog ich eine neue Rune. Es ist Othala, die mich zurzeit begleitet. Othala steht für Erbschaft, überliefertes Wissen. Was wir von unseren Ahnen erben sind nicht nur materielle Dinge. Es geht nicht darum, unsere „Schränke mit Vasen von Tante XXX voll zu stellen!" Es geht nicht um Gut und Geld! Es geht beim überlieferten Wissen nicht um „Backrezepte der Großmutter!"
Es geht um Weisheit, um geistiges Erbe!
Ich danke meinen großartigen Ahnen für das geistige Erbe, das ich weiter tragen darf! Das Talent zum Schreiben hat mir meine Mutter vererbt! Meine künstlerische Kreativität erbte ich von meinem Vater! Von beiden Eltern bekam ich einen gesunden Optimismus. Im Leben immer das Gute sehen! Das haben mich meine Eltern gelehrt! Sie lehrten mich,

nicht alles so ernst zu nehmen und positiv, zuversichtlich mit einer Portion Humor dem Leben zu begegnen! Ich nutze mein positives Erbe und gehe damit energievoll durch mein Behindertenleben!
Es hilft mir im Leben sehr und stärkt mich!
Othala steht auch für:

Körperliche Energie

Jeden Tag zum Frühstück trinke ich Lavita, ein Nahrungsergänzungssaft. Damit ist für meinen Körper der Bedarf an Vitaminen, Mineralien und Spurenelementen gedeckt. Zusätzlich nehme ich Ribose. Dieser Zucker ist Energie für die Mitochondrien, die Kraftwerke der Zellen.
Somit gebe ich meinem Körper eine gute Basis für seine Energie.
Täglich stehe ich in meinem Stehtrainer und trainiere meine Muskeln im Rollstuhlfahrrad. Durch meine Schmerzen im Fuß fuhr ich gestern sogar einen Kilometer mehr, als üblich, weil ich merkte, dass sich der Schmerz während der Bewegung im Fuß löste!
Das alles tue ich, um meinen Körper fit zu halten. Und das Wichtigste tue ich natürlich auch, in vielen Augenblicken:
Ich bete täglich! Dabei bitte ich nicht nur, sondern ich danke!
Und ich unterstütze meinen Körper mit positiver Geisteskraft. Ich stelle mir auf meinen Spazierfahrten vor, wie ich laufe! Das Gehirn unterscheidet nicht zwischen wirklicher Handlung und vorgestellter Handlung! In beiden Fällen werden

Nervenverbindungen geknüpft! Das bestätigt sogar die wissenschaftliche Neurologie!

Ich lobe meinen Körper für jede Kleinigkeit, die er kann. Und wenn ich nur eine Sekunde das Bein heben kann! Oder wenn ich meine neuen Schuhe selbst an der Kasse bezahle! Dann klopfe ich mir innerlich auf die Schulter und sage: „Prima gemacht!"

Ich danke meinem Körper für alle Anstrengungen, Durchhaltekraft und Energie! Ich danke meinem Körper, dass er meiner Seele und meinem Geist in diesem Leben Heimat ist und dass sich meine Seele und mein Geist in meinem wundervollen Körper entfalten dürfen!

Menschen, die ihr Bewusstsein auf Mangel lenken, sehen oft nur die Schwächen ihres Körpers, die sie dann heftig kritisieren! Das ist nicht gut, und die Schwächen werden stärker! Denn die Energie folgt der Aufmerksamkeit! Wenn ich den Schwächen alle Aufmerksamkeit gebe und sie noch dazu kritisiere, stärke ich sie!

Wenn ich, das was funktioniert, lobe, stärke ich das Positive!

Die Kraft der Dankbarkeit

Ich bin dankbar für meinen wunderbaren Körper, obwohl er seit sechseinhalb Jahren behindert ist! Ich danke für diesen wunderbaren, behinderten Körper, indem sich Geist und Seele großartig entfalten! Das ist möglich, weil der Körper behindert ist!

Ich danke Gott, dass ich in Gott getragen und geschützt bin! Das durfte ich so wundervoll erleben, weil mein Körper behindert ist!

Ich danke Gott für seinen Segen für meine Lebensreise! Ich danke Gott, dass ich diesen Heilweg gehen darf! Auf dem ich so reife, weise werde und erleuchte!

Ich danke Gott, dass er meinen Weg segnet und mir ein neues Leben schenkte! Gottes Segen heißt auch: Gott traut mir zu, dass ich diesen Weg gehe! Gottes Vertrauen stärkt auch mein:

Vertrauen

Ich vertraue Gott!

Ich vertraue Gott, dass alles, was ich brauche, zu mir kommt oder schon bei mir ist!

Ich vertraue meinem Körper für all seine Energie, seine Kraft!

Ich vertraue meiner Seele, die diesen Heilweg gehen wollte!

Ich vertraue meinem Geist für seine Kraft!

Vertrauen erfordert Mut! Mut heißt meine heutige Tageskarte aus meinem selbst erschaffenen Kartenset!

Dingen eigene Energie geben

Ich freue mich jeden Tag, wenn ich meine Tageskarte ziehe. Ich fühle meine eigene Energie in diesem Kartenset. Und das fühlt sich so gut an! Welche Botschaft ist die klarste? Die, die wir von Fremden erhalten, die uns gar nicht kennen? Nein! Meine Karten, sie enthalten Botschaften aus meiner inneren Weisheit! Und in meiner inneren Weisheit ist alle Information, die ich brauche!

Wachstum und Entwicklung

… ist der Grund für unser Erdenleben!

Ich habe mich um die Heilung anderer gekümmert. Und nicht bemerkt, dass ich es selbst bin, die Heilung braucht!
Ich habe mich entwickelt, bin gewachsen, als mit dem Schlaganfall mein eigener Heilweg begann!
Ich habe meine Geisteskraft zu nutzen gelernt. Meine Seele durfte reifen. Und ich bin verbunden mit Gott, der einzig wahren Essenz des Lebens! Ich bin geheilt! In diese Heilung bin ich gewachsen! Gott sei dank!

Mut kann eigene Stärke entdecken!

Heute ist Neumond im Zeichen der Jungfrau. Ich darf mit meiner Physiotherapeutin durchs Wasser spazieren. Es erfordert immer wieder Mut im Wasser zu gehen! Meine Tageskarte ist Mut! Ich habe Mut größere Schritte zu machen, wie es meine Physiotherapeutin anordnet. Ich bin nicht unbedingt mutig im Element Wasser. Als Kind dauerte es lange, bis ich schwimmen lernte und mich traute, ins Wasser zu springen.
Jetzt überwinde ich meine Furcht und kann gehen!
Ich bin mutig und werde immer belohnt! Ich kann im Wasser gehen! Mit Mut kann man vieles überwinden und eigene Stärke entdecken!
Früher hätte ich nicht für möglich gehalten, dass ich als Behinderte glücklich lebe. Dann kam es so! Ich bin behindert! Und ich bin mutig, mich aufs Leben

einzulassen, trotz meiner Behinderung! Ich habe entdeckt, wie stark ich bin, weil ich mutig bin!
Ich laufe im Wasser, mutig durch ein Element, in dem ich mich unsicher fühle! Ich entdecke, dass ich mit Mut Unsicherheit überwinde und meine Stärke entdecke!
Mut hilft uns, unsere Stärke zu entdecken, von der wir nicht wussten, dass es sie gibt!
So lernen wir uns kennen, wenn wir mutig sind!

Aufrecht gehen

Ich nehme Aqua amniota vor der Nacht, weil ich mich im Wasser bewegen konnte. Die homöopathische Arznei des Fruchtwassers soll die aufrechte Bewegung in den Zellen meines Körpers informieren.
Von meinem Bett aus sehe ich meine Leinwand mit dem aufrecht stehenden Frosch.
Uns Menschen wurde der aufrechte Gang geschenkt. Wir müssen nicht mehr wie Tiere im Vierfüßlergang gehen.

Die Krone zum Himmel öffnen

Wir dürfen unser Haupt zum Himmel erheben! Unser Kronenchakra öffnet sich zum Himmel. Über unser höheres Selbst sind wir aus dem Kronenchakra mit Gott verbunden!
Dem stehenden Frosch malte ich ein nach oben geöffnetes Kronenchakra.
Es ist Samstag. Frühstück auf der Terrasse! Die kleine Katze lässt sich nicht blicken. Sie schläft wahrscheinlich noch.

Ich lege meine gelähmte Hand neben den Teller vor mir auf den Tisch, wie es mir meine Ergotherapeutin empfahl. Und ich fühle, ich kann aufrechter sitzen, weil mein Arm nicht spastisch an meinen Körper zieht, sondern auf dem Tisch liegt. Die Hand und der Körper richten sich auf! Kluge Tipps, die in mir etwas bewirken, bekomme ich von meiner neuen Ergotherapeutin. Ich sitze aufrecht und öffne mich zum Himmel, um bereit zu sein für Gottes Segen und Gottes Gnade!
Gott ist immer da! Nur wir Menschen sind oft verschlossen und können so Gott nicht empfangen!
Wie man durch eine zugeschlossene Tür niemanden empfangen kann.

Türen öffnen

Ein weißer Schmetterling fliegt bei den Gräsern der Terrasse.   Besuch aus dem Jenseits! Herzlich willkommen! Ich frage, wer es ist. Eine Frau gibt sich zu erkennen, die früher hier im Ort lebte. Die Familie stand am Rande. Keiner der Dorfbewohner wollte mit ihr etwas zu tun haben. Sie sagten, die Familie sei asozial, nur weil der Vater Alkohol trank und bei der Müllabfuhr arbeitete.
Ich bin als Mädchen trotzdem in das Haus der Familie gegangen. Zur Kirmes bin ich zur Damenwahl direkt zum Sohn der „Assifamilie" und habe mit ihm getanzt.
Später sagte die Mutter der Familie zu mir: „Danke, du hast uns unsere Würde zurückgegeben!" Die Würde war der Familie verloren gegangen, nur weil andere sich einbildeten, die Besseren zu sein und

Türen für die Familie schlossen und sie ausgrenzten. Ich habe zur Kirmes den verzauberten Prinzen gerettet, als Mädchen, die sich nicht zu schade war, die gern mit dem Sohn tanzte! Ich ging zu ihm und der verzauberte Prinz begann zu strahlen. Ich habe eine Tür geöffnet! Und heute sitze ich im Rollstuhl auf der Terrasse, zum Frühstück. Der weiße Schmetterling zeigt sich als die verletzte Seele der Mutter dieser Familie, die nicht gut genug war! Für mich war sie gut genug! Ich habe eine Tür geöffnet, die andere böswillig verschlossen haben!
Nun erscheint mir der weiße Schmetterling und eine liebende Mutter aus dem Jenseits!
Hinter ihr kommt ein Engel! Der Engel hält etwas in der Hand. Eine kleine Krone! Ich erkenne: Es ist meine Würde, die mir vor dreißig Jahren verloren ging, weil ich nicht gut genug war! Für einen jungen Mann, dessen Familie sich einbildete, etwas Besseres zu sein!
Der weiße Schmetterling fliegt und der Engel sagt: „Verliere nie wieder deine Würde für Menschen, die es nicht wert sind!“
Der Engel setzt mir die Krone auf, und ich richte mich auf!
Mein Körper zeigt Symptome für Natrium muriaticum. Ich nehme die Arznei und lasse allen alten Kummer los! Ich gehöre nicht dahin, zu denen, die einst glaubten, ich sei nicht gut genug! Othala verbindet mich mit meiner Ahnenlinie! Hier werde ich geliebt! Ich bin es wert, geliebt zu werden! Ich bin angenommen. Hier bin ich verbunden!

In Würde Mensch sein

Die Würde des Menschen ist unantastbar, heißt es in unserem Grundgesetz.

Und doch gibt es immer wieder Mitmenschen, die sich über andere erheben und diese verurteilen, ohne sie zu kennen. Auch ich musste schon sehr unter falscher Beurteilung leiden und wurde verletzt. Meine Würde habe ich verloren. Ein Engel hat sie mir wiedergebracht!

Natrium muriaticum heilt alten Kummer. Ich kann ihn loslassen und werde mir bewusst, wohin ich gehöre!

Jeder Mensch braucht seine Würde, um Mensch zu sein!

Nur, wenn wir in Würde sein dürfen, können wir uns:

Entfalten

Zum Nachmittagskaffee sitzen wir auf unserer Ost-Terrasse vorm Hauseingang. Neben der Gartentür, überm Gartenzaun fliegen zwei weiße Schmetterlinge. Es sieht aus, als tanzen sie miteinander einen wunderschönen Tanz!

Dann nehme ich die homöopathische Arznei Schmetterlinge.

Während ich in meinen Trainingsgeräten trainiere, wirkt Schmetterlinge in mir. Im Rollstuhlfahrrad erbringe ich wieder gute Leistung und tanze mit meinen Füßen in den Pedalen! Es macht mir Freude! Ich tanze! Ich fühle mich in Freude und in Liebe, die ich gerade in mir entfalte. Mein gemalter Frosch auf der Leinwand ist von einer violetten Aura umgeben.

Jetzt erkenne ich, die violette Aura sieht ein wenig wie ein Schmetterling aus.

Nach dem Abendessen gibt es noch eine kleine Spazierrunde durch unseren Ort. Mitten auf einer asphaltierten Straße entdecken wir einen Frosch. Ich schenke dem Frosch ein Lächeln und er springt für mich freudig über die Straße. Dann fühle ich eine unsichtbare Hand auf meiner Schulter. Es ist der Engel, der mir meine Würde brachte. Der Engel ist immer bei mir.

Schmetterlinge sind bei mir, Frösche zeigen sich! Ich bin in guter Energie, gut versorgt! Ich suche nicht! Ich finde!

Ich entfalte mich in meinem zweiten, neuen Leben! Ich bin neugeboren! Und nun entfalte ich mich! Mit meiner Seele gehe ich bewusst in meinem Leben! Ich entfalte die, die ich bin!

Dafür musste mein altes Ich sterben! Um ein neues zu werden und zu entfalten!

Bewusst gehe ich diesen Weg! Aus der Raupe entfaltet sich der Schmetterling und beginnt zu fliegen!

Schmetterlingstraum

Vor der Nacht nehme ich wiederholt die homöopathische Arznei Schmetterlinge. Ich träume:
Ich bin eingehüllt und umgeben von vielen weißen Schmetterlingen. Die Botschaft ist klar zu erkennen. Ich bin umgeben von vielen guten Geistern, die mich unterstützen.

Verbunden

Ich bin nicht einsam und allein! Viele sind mit mir und bei mir. Ich bin verbunden.
Sonntägliches Frühstück auf der Terrasse.
Neben mir im Kirschbaum landet eine Taube und gurrt laut!
Rudolf Steiner und Hans Stolp beschreiben, dass in Jesus während der Taufe im Jordan, Christus in Form einer Taube inkarniert ist. Nun sitze ich hier auf meiner Terrasse, neben mir, hoch oben, landet eine Taube auf dem Baum. Ich begreife die Botschaft:

Das Christusbewusstsein empfangen!

Bin ich rein genug, um das Christusbewusstsein zu empfangen? Diese Frage stelle ich.
„Du bist gereinigt und geläutert auf deinem Heilweg. Du bist tief ins Leben hinab gestiegen. Und du hast in der Dunkelheit das Licht gefunden!" Klar empfange ich Gottes Worte in meinem Inneren.
Die Taube im Baum gurrt ganz laut.
Mich durchströmt warme Energie. Christus wirkt in mir!
Danke! Ich bin geborgen in Gott! Das Christusbewusstsein wirkt in mir. Dafür ging ich diesen Heilweg!
Ich bin gesegnet auf diesen Weg der Heilung! Ich empfange das Christusbewusstsein und bin im Licht.
Frieden ist in mir! Ich schließe Frieden, mit allem, was war und was ist! Frieden durchströmt mich! Im Christusbewusstsein vergebe ich denen, die mich verletzten!

Jesus sagte am Kreuz: „Herr, vergib ihnen." Jesus zeigt uns den Weg. Er wurde verletzt und verurteilt. Er hat vergeben! Wenn ich Spuren für mich gehen möchte, die bereits auf der Erde gegangen wurden, dann sind es die Spuren von Jesus Christus! Tapfer hat er sein Kreuz getragen! In diesen Spuren will ich tapfer mein „Kreuz" der Behinderung tragen.

Im Christusbewusstsein führt der Weg ins Licht

Jesus Christus hat sein Kreuz getragen, ist in den Tod gegangen! Und im Licht auferstanden!
Ich ertrage mein Behindertenleben und sehe das Licht. In dem ich getragen bin! Im dunklen Tal scheint ein Licht, dem ich folge!

Gedicht: Christus ist meine Zuversicht!

Getrost will ich in deinen Spuren gehen!
So kann ich alles überstehen!
Und ich kann sehen,
das Licht!
Es leuchtet für mich!
Christus ist meine Zuversicht!

Geistesentfaltung

Die Rune Othala begleitet mich derzeitig. Die Rune erscheint wie ein Körper, der auf zwei Beinen steht.
Ich male die Rune auf eine Leinwand. In das Innere, in den Körper der Rune, male ich einen violetten Schmetterling, von Magenta umgeben. Violett steht für meinen transformierten Geist, der sich entfaltet, in Gott getragen (Magenta). Links aus dem Inneren

heraus wächst eine Rose. Eine Blüte steht in voller Blüte, eine zweite ist als Knospe, die sich noch nicht entfaltet hat. Wenn sich der Geist im Inneren des Körpers entfaltet, erblühen wir ins Leben, in die Zukunft!

Ich habe durch meine Kunsttherapie viel gelernt, was ich selbst in meinem kreativen Ausdruck anwenden kann. Danke!
Die Rune Othala auf meiner Leinwand zeigt, dass es in meinem behinderten Körper wunderbar möglich ist, meinen Geist zu entfalten.
Ich bin vollkommen. Ich erleide keinen Mangel. Ich bin in Fülle! Fülle ist meine heutige Tageskarte! Den Körper von Othala habe ich mit dem Schmetterling als Geistesentfaltung gefüllt!
„Man kann nur das künstlerisch erschaffen, was in demjenigen ist", erklärte mir meine Kunsttherapeutin vor einiger Zeit.
Ich betrachte mein Bild, was ich heute erschaffen habe und entdecke:
In mir ist Geistesentfaltung! Ich habe meinen sicheren Platz, stehe fest in meinem Leben! Auch wenn ich noch nicht körperlich allein stehen kann. Und ich erblühe aus meinem Inneren heraus, es gibt noch mehr, was erblühen möchte!
Schmetterlinge wirken als homöopathische Arznei in mir, während ich in meinem Stehtrainer aufgerichtet bin, zwischen Himmel und Erde!
Ich bin in einem behinderten Körper, und das ist überhaupt nicht schlimm. In diesem Körper entfaltet sich mein Geist, auf einzigartige Art und Weise.

Ich fühle wie das Christusbewusstsein mich erstrahlen lässt. Ich fühle, wie ich in diesem transformierten Geist „mein Kreuz tragen kann"!
Es ist nicht schlimm in einem behinderten Körper zu leben! Es macht mich frei für meinen Geist!
Es macht mich frei für Christusbewusstsein!
Es macht mich frei für den Heiligen Geist, der sich in mir entfalten darf!

Heiliger Geist Gottes

Uns Menschen wurde der Heilige Geist geschenkt! In Form einer Taube. Der Geist Gottes darf in uns wohnen und seine Kraft in uns entfalten!
Ich nehme vor der Nacht Helianthus annuus. Wie eine Sonnenblume wende ich mich dem Heiligen Geist zu, um diesen zu empfangen. Dann darf ich, wie eine Sonnenblume im Licht der Sonne, im Heiligen Geist erstrahlen!
Am Morgen gurren die Tauben, als ich erwache. Der Heilige Geist wohnt in mir und offenbart mir seine Kraft und Stärke.
Wie eine Sonnenblume sich dem Licht zuwendet und dann selbst als lichtvolle Blüte erstrahlt, erstrahlt aus mir:

Ein neuer Geist

Nach meinem Schlaganfall schenkte mir Gott ein neues Leben!
Welches in einem behinderten Körper stattfindet.

In diesem behinderten Körper ist ein neuer Geist erwacht. Ich bin erleuchtet im Rollstuhl, in meinem behinderten Körper.
Mein Geist ist es, der mich erstrahlen lässt.

Gedicht: Ich sehe das Licht

Gott hat mir ein neues Leben geschenkt,
dieses wird von meinem
neuen Geist gelenkt!
Im neuen Geist erstrahle ich,
In göttlichem Licht!
Ich folge des Geistes Zuversicht!
Gott schenkte mir Leben!
Ich sehe das Licht!

Das Licht sehen

Ich sehe das Licht, das in meinem neuen Leben leuchtet! Gottes Licht hüllt mich ein und gibt mir Licht.
Gott gibt mir Schutz! Ich bin Licht in der Dunkelheit! Gottes Licht leuchtet aus mir!
Das Licht schützt mich! Ich komme sicher durch die Dunkelheit! Schutz ist meine heutige Tageskarte!
Ich sehe überall das Licht, in dem ich bin!
Ich fühle Gottes Schutz! Gott beschützt mich nicht, indem er mich vor meinem Schicksal bewahrt! Gott schützt mich, indem er mich durch mein Schicksal in seinem Schutz gehen lässt!
So darf meine Seele dieses Schicksal gut überstehen, weil mein Geist das Licht sieht und bewusst ist, dass ich im göttlichen Schutz durch die Dunkelheit gehe!

Bewusst gehe ich durch das Schicksal in Gottes Schutz!

Ein neuer Geist ist in mir erwacht! Erleuchtet ist mein Geist.

Ich bin nicht erleuchtet, indem ich auf einem Berg sitzend Mantren singe! Ich bin nicht erleuchtet, indem ich einen Vortrag eines selbsternannten spirituellen Gurus besuche. Der Guru ist um die halbe Welt geflogen, das Klima wird wärmer!

Ich bin erleuchtet, nachdem mir Gott ein neues Leben in einem behinderten Körper schenkte! Ich sehe das Licht! Ich lebe in einem behinderten Körper mit einem erleuchteten Geist!

Mein behinderter Körper war die Möglichkeit für meinen Geist zu erleuchten!

Erleuchtung

Viele, die meinen, auf einem spirituellen Weg zu sein, entfernen sich vom Leben. Sie wollen mit dem Leben nichts mehr zu tun haben und „heben ab", im wahrsten Sinne des Wortes!

Fern vom Leben streben sie nach Erleuchtung! Dabei merken sie nicht, dass sie sich immer weiter von dem, wonach sie streben, entfernen!

Erleuchten heißt, dass wir leuchten. Dass unser inneres Licht strahlt! Dass wir erwacht sind, mit einem klaren Geist, klar sehen.

Wo leuchtet das Licht am hellsten? In der Dunkelheit! Nachts, wenn es dunkel ist, sehen wir die Sterne leuchten!

Das heißt für den Weg der Erleuchtung: Wir müssen in die Dunkelheit! Wir müssen im dunklen Tal des

Lebens das Licht sehen und unser Licht leuchten lassen.

Davor fürchten sich viele, die nach Erleuchtung streben! Deshalb nenne ich diese Menschen nicht die Spirituellen, sondern es sind die Pseudo-Spirituellen. Vor einigen Jahren, als mir viele der Pseudo-Spirituellen begegneten, schrieb ich darüber schon ein Buch: „Spirituell sind die Anderen!"

Spirituell sind nicht die abgehobenen Spinner, die auf Bergen sitzen und Mantren singen und auf die Erleuchtung warten!

Spirituell sind nicht die, die in spirituelle Seminare gehen!

Spirituell sind die Anderen! Die in die Dunkelheit gehen und ihren Geist leuchten lassen!

Spirituell sind die, die zu den Kranken und Sterbenden gehen und ihnen ein Licht sind, für einen kurzen Augenblick!

Spirituell sind die, die im dunklen Tal des Lebens das Licht und Gott sehen!

Der Himmel öffnet keine Tore für uns, während wir auf einem Berg die Schamanentrommeln schlagen!

Die geistige Welt kommt nicht zu uns. Wir dürfen die geistige Welt entdecken!

Wir entdecken sie nicht auf Seminaren!

Wir entdecken sie, wenn wir Sterbenden die Hand halten, während sie in die geistige Welt reisen. Vielleicht öffnet sich auch für uns der Schleier!

Die geistige Welt öffnet sich in unserer Todesstunde! Das durfte ich selbst bei meinem Schlaganfall erleben. Die geistige Welt öffnet sich, wenn die Liebe uns den Tot überwindend, den Kontakt zu lieben Verstorbenen möglich macht!

Die Schleier werden durchsichtiger! Immer mehr Menschen erleuchten! Aber eben nicht in spirituellen Seminaren oder Mantren singend oder trommelnd auf Bergen! Wir erleuchten im Leben!

Im echten Leben, wo das dunkle Tal ist, indem das Licht leuchtet!

Immer mehr Menschen erleuchten! Ich denke an einen Mitpatienten in meiner zweiten Rehaklinik. Er war schon fast achtzig Jahre. Ich saß beim Hirnleistungstraining in der Gruppentherapie oft neben ihm. Die Ergotherapeutin wies uns die Plätze zu. Einmal war dieser Mann ganz ernst, sah mich an und sagte mit starker Stimme: „Frau Herbig, wir waren beim großen Chef! Uns kann keiner mehr was erzählen!", mit dem Finger zeigte er zum Himmel. Sonst lächelte er immer. Jetzt war er ernst! „Wir waren beim großen Chef! Wir wissen, wo der Lebensplan ist! Alles, was wir hier erleben, das hat seinen Sinn!" Nie vergesse ich diese weisen Worte des alten Mannes in der Hirnleistungsgruppentherapie. Wir wussten beide, wir brauchen kein Training für den Verstand! Denn wir waren bei Gott! Da brauchen wir keinen Verstand! Wir sind:

Geistreich

geworden! Gott hat uns ein neues Leben geschenkt! Und in diesem neuen Leben erwacht ein neuer Geist in uns!

Wir brauchen nicht den Verstand zu trainieren. Der Verstand zieht die Sinne ab, in die Materie.
Der Verstand redet uns ein, es gibt Trennung und Tod! So zieht uns der Verstand in die Einsamkeit!
Der reiche Geist, der seine Energie lenkt zur Liebe! Dieser göttliche Geist überwindet Trennung und Tod! Der Geist zeigt uns unsere Verbundenheit!
 Der Verstand lebt von der Angst, um sich selbst und dem Ego eine Daseinsberechtigung zu geben. Die Angst überwinden wir mit dem göttlichen Geist der Liebe!

Der Liebende überwindet die Angst

„Wenn du nicht mehr zu uns zur Therapie kommst, wird alles schlechter", drohte mir meine ehemalige Ergotherapeutin. Jetzt bin ich schon seit zwei Monaten nicht mehr in dieser Ergotherapie. Es ist für mich nichts schlechter geworden. Ich darf jetzt in meiner neuen Ergotherapie meinen Körper wieder bewegen. Das tut mir gut. In meiner ehemaligen Ergotherapie musste ich nur stocksteif herumstehen. „Stehen kommt vor dem Gehen", wurde mir immer wieder gesagt. Doch irgendwo bin ich stehen geblieben. Es ging nicht weiter in der Therapie! Ich bin sozusagen stehen geblieben. Ich hatte den Mut, die Therapie zu beenden und es ist nichts für mich schlechter geworden! Vielleicht ist es für die Ergotherapeutin schlechter geworden!? Denn sie konnte mit mir gut Geld verdienen. Neurologische Patienten werden hoch abgerechnet, dazu bin ich privat versichert!

Ich habe mich nicht vom Therapeutenego beeindrucken lassen!

Ich gehe in eine neue Ergotherapie! Morgen habe ich wieder Termin. Ich freue mich darauf! Da darf sich mein Körper wieder bewegen!

Ich liebe Bewegung.

Vorige Woche war ich mit meiner Physiotherapeutin im Therapiebecken. Ich habe etwas Angst im Wasser. Doch ich kann mich im Wasser bewegen! Und aus Liebe zur Bewegung überwinde ich die Angst!

Am Anfang nach der Reha war ich zu regelmäßigen Kontrolluntersuchungen in meiner neurologischen Klinik. Diese Untersuchungen sind nicht ungefährlich. Ich beendete die Untersuchungen. Ich liebe das Leben und vertraue auf Gott! Das richtige wird geschehen, ich bin getragen in Gottes Liebe! Da habe ich keine Angst! Nur wer Angst hat, braucht Kontrolluntersuchungen.

Seit ich während meines Schlaganfalles sterben gefühlt habe, habe ich die Angst vor dem Tod überwunden. Ich war in Gottes Liebe gehalten. Ich fühlte nur noch Liebe! Da war keine Angst.

Ich durfte einen Blick auf den Tod werfen und sehen, dass es nur ein Übergang in eine andere Form des Lebens ist! Gottes Liebe trägt uns auch im Tod in die Ewigkeit! Die Liebe lässt uns alle Angst überwinden! Ich denke in Ehrfurcht an die entspannten Gesichter meiner lieben Menschen, die verstorben sind. Da gab es nur noch Liebe!

Liebevoll in Hingabe in die Liebe

Wir dürfen uns liebevoll in die Liebe geben! Wer sich der Liebe hingibt, überwindet jegliche Angst!
Viele quält Angst vor Krankheit und Leid.
Ich bin seit sechs Jahren behindert, im Rollstuhl.
Liebevoll gebe ich mich diesem Leben hin! Es ist ein Geschenk Gottes! Wer das Leben ablehnt, lehnt Gott ab! Denn Gott schenkt uns das Leben!
Ich nehme mein Behindertenleben liebevoll an und gebe mich dem hin.
Ich behaupte nicht, dass es einfach ist!
Doch ich liebe mein Leben auf dem Heilweg! Geistreich durfte ich werden! Gott durfte ich fühlen und erleben!
Ich lebe in:

Freude

Sogar mein tägliches Training in meinen Geräten macht mir Freude! Ich darf meinen Körper fühlen.
Ich male und schreibe. Das macht mir Freude.
Ich freue mich auf meine morgige Ergotherapie.
Freude ist meine Navigation. Worauf ich mich freue, das tut mir gut und fördert meine Heilung.
Viele meinen, man kann nur in Freude sein, wenn wir vollkommen gesund und unversehrt sind.
Ich habe in meinem Behindertenleben eine andere Erfahrung gemacht:
Freude ist der Weg, der in Heilung und Gesundheit führt!
Wir brauchen Freude, um gesund zu werden!

Hohe und niedere Gefühle

Freude und Liebe sind hohe Gefühle. Sie erheben unsere Stimmung und wir schwingen in hohen Ebenen.

Hadern und zweifeln sind niedere Gefühle, die uns nach unten ziehen und unsere Stimmung sinkt. Oft sind viele Menschen, die zweifeln und besorgt sind, auch körperlich gebeugt.

Hohe Gefühle wirken aufrichtend. Niedere Gefühle drücken nieder.

Es hilft nichts, allein auf körperlicher Ebene an der Aufrichtung zu arbeiten. Es braucht auch die dazu passenden Gefühle.

Ich fühle Licht und kann mich zum Licht aufrichten!

Es wurde immer besser mit der Aufrichtung. Besonders fühle ich das in meinem Stehtrainer. Es fällt mir leichter zu stehen!

Natrium muriaticum wirkt in mir.

Ich bin bei meiner Ergotherapeutin. Ihr fällt auf, dass ich mich mit meiner rechten Hand nicht mehr an der Behandlungsliege festhalte, während der Bewegungen.

Ich kann mich besser stabilisieren. Und ich fühle keine Angst mehr! Die Angst ist überwunden! Liebe und Freude sind in meinem Leben! Die hohen Gefühle lassen mich aufrichten und stabil halten.

Heilung braucht auch Geist und Seele

Ich frage meine Ergotherapeutin, ob wir ein neues Rezept brauchen. „Wollen wir weitermachen?", fragt sie mich. Ohne über mich zu entscheiden und mir

Angst zu machen, wie es in meiner alten Ergotherapie war. Dort hörte ich, dass alles schlechter wird, wenn ich nicht mehr käme. Zwei Monate gehe ich schon nicht mehr in meine ehemalige Ergotherapie! Nichts ist schlechter! Im Gegenteil, es ist besser!

Es nützt nichts, mich steif stehen zu lassen! Bewegung ist die Lösung!

Ich fühle mich in meiner neuen Ergotherapie sehr viel wohler.

Hier komme ich in Bewegung!

Stehen kann ich zu Hause in meinen Stehtrainer. Dazu muss keine Ergotherapeutin mit ihren Füßen mein Becken nach vorn schieben, so dass ich stehe! Der Beckengurt in meinem Stehtrainer gibt mir Sicherheit, das reicht.

Homöopathie, Kunsttherapie und mein Glaube helfen mir, Geist und Seele mit in die Heilung einzubeziehen. Das ist ein wichtiger Teil der Heilarbeit!

„Nicht ohne meine Seele", hieß ein Vortrag, den ich vor vielen Jahren zum Thüringer Heilpraktikertag vor meinen Berufskollegen hielt. Es war leise im Raum. Alle lauschten gespannt meinen Worten.

Schon damals war mir bewusst, dass Heilung nicht allein auf der körperlichen Ebene stattfindet. In meiner Praxis bezog ich immer in die Therapie Körper Geist und Seele mit ein. Viele meiner Kollegen beneideten mich um meinen Erfolg und meine vielen Patienten!

Das Geheimnis war, dass ich in die Therapie Seele und Geist mitnahm. Heilung findet nicht allein im Körper statt!

Während ich osteopathisch am Körper arbeitete und ein Thema ansprach, was den Patienten berührte, fühlte ich oft, wie sich die Gewebsstruktur unter meiner Hand zu bewegen begann. Das hat mich überzeugt, dass meine Arbeit richtig war. Patienten, die freudig feststellten, dass es ihnen wieder besser ging, waren meine nächste Überzeugung.

Vielleicht hat manches Wort, dass die Seele erreichte, mehr bewirkt, als eine manuelle Korrektur an der Wirbelsäule!? „Worte sind die mächtigste Droge, die die Menschheit benutzt." (Rudyard Kiping)

Worte, um zu inspirieren

Nun bin ich achtundfünfzig Jahre, sitze im Rollstuhl und arbeite nicht mehr als Heilpraktikerin. Ich bin nun mit mir selbst im Austausch. Viele Gedanken werden in meinem erwachten Geist geboren! Und mir ist bewusst, sie könnten auch für andere wichtig sein und sie inspirieren. So schreibe ich mit diesem Buch mein zweites Buch nach meinem Schlaganfall. Mein erstes Buch „Der Himmel ist nah" ist bereits veröffentlicht.

Zu meiner ersten Buchlesung und auch danach bekam ich viel positive Resonanz!

Das Schreiben hilft mir selbst, um mit mir im Austausch zu sein. Und das geschriebene Buch soll als Inspiration für andere wirken, dass sie ihren eigenen Weg bewusst gehen können! So wie es für jeden richtig ist!

Liebe Leser, mögen Sie meine Worte inspirieren, ihren eigenen Weg bewusst zu gehen! Ich möchte keinen belehren, keine „guten Ratschläge" erteilen.

Ich wünsche mir, dass wir uns gegenseitig inspirieren und jeder bewusst seinen eigenen Weg geht!

Möge jeder bewusst in sich die Worte empfangen und aufnehmen, die für ihn wichtig sind und die Seele berühren!

Die Worte kommen aus meiner Erfahrung, aus meinem Geist geboren!

Meine Inspirationsquelle ist Gott. Ich bin über mein höheres Selbst bewusst mit der höchsten Energie des Universums verbunden.

Die Sonnenblume richtet sich zur Sonne, um ihre Strahlkraft ins Leben zu schenken!

Ich richte mich zu Gott, um diese Worte als Gedanken zu gebären!

Gott ist meine Inspirationsquelle für diese Worte!

Mögen sie in Liebe empfangen werden, von denen, für die sie wertvoll und wichtig sind.

Alles hat seinen Sinn

Es gibt keine Zufälle. Alles, was uns begegnet, hat etwas mit uns zu tun!

Ich las das Buch von Hans Stolp „Michael Erzengel der neuen Zeit". Da kam meine Kunsttherapeutin, wir sind im Farbkreis bei der Farbe gelb angekommen. Und ich darf den Sonnenengel Erzengel Michael im sonnigen Gelb auf eine riesige Leinwand malen. Das ist kein Zufall! Erzengel Michael erstrahlt in unserem Flur und viele, die kommen, sind berührt von dem Bild! Alles hat seinen Sinn!

Ich saß im Elektrorollstuhl im Wald, betete ein Vaterunser. Ich bat zum Neumond den allmächtigen Gott, dass das Beste für mich geschieht. Ich beugte mich im Rollstuhl nach vorn, um aufzustehen und zu laufen. Eine unsichtbare Hand drückte mich in den Rollstuhl zurück. Und es öffnet sich für mich das Buch des Lebens, die Akasha-Chronik.

Mir wurde sofort bewusst, es geht hier nicht ums Laufen! Es geht um Höheres!

In Gottes Welt hat alles Sinn und alles ist richtig!

Voller Vertrauen bin ich getragen in Gott! Denn Gott hat mir dieses zweite Leben geschenkt! Auch das hat seinen Sinn!

Nicht immer erkennen wir sofort den Sinn, in dem, was geschieht! Oft wird es erst später bewusst!

Doch immer ist mir bewusst, dass alles seinen Sinn hat!

Dass Sie, lieber Leser, dieses Buch lesen, hat seinen Sinn! Ich wünsche, dass Sie meine Worte berühren und inspirieren!

Manchen Sinn kann man erst im Nachhinein erkennen! Nicht immer offenbart sich alles sofort. Manches braucht Zeit!

Alles hat seine Zeit

Ich sehe mein Leben! Ich hatte meine Zeit als Krankenschwester. Ich liebte diesen Beruf. Dann hatte ich meine Zeit als Heilpraktikerin, bis zu meinem Schlaganfall.

Und nun habe ich ein neues Leben als Behinderte! Da war nichts besser oder schlechter! Alles hatte seine Zeit und war gut. Und alles will wieder gehen, wenn es die Zeit dafür ist! Auch das ist gut!

In Liebe gehen lassen

Ich lasse das los, was war und nehme in Liebe, was ist!

Ich lasse was war, in Liebe gehen! Es kommt nicht wieder, und das muss es auch nicht! Alles hatte seine Zeit! Jetzt ist eine andere Zeit, die sein darf!

Als ich Mutter wurde, habe ich die Zeit mit meinem Sohn als Mutter genossen. Als er als erwachsener junger Mann in eine Stadt, weit von mir weg, zog, war es o.k..

Nach antroposophischer Sicht darf man sich mit über fünfzig aus der Familie lösen. Ich muss nicht mehr die versorgende Mutter sein. Ich gehe nun in meine eigene Zukunft, bin spirituell gereift. Ich ernte nun die Früchte meines Lebens, finde mich in geistiger, spiritueller Reife. Und ich bin im Frieden mit mir und meinem Leben. Die Zeit, die mir Gott noch schenkt, verbringe ich mit meiner spirituellen Reife. Bis mein Leben zu Ende geht, dann kann ich es in Liebe gehen lassen! Und mit einem Lächeln und einem entspannten Gesicht lasse ich meinen Körper zurück und meinen Geist frei! Gut, dass ich schon eine spirituelle Reife habe, um dieser Zukunft entspannt entgegen zu sehen!

Das innere Wesen entdecken

Ich nehme vor der Nacht die homöopathische Arznei Schmetterlinge.

Im Traum erscheint mir ein Engel. Er schaut aus wie ein riesiger Schmetterling.

Der Engel ist von Gott gesandt, um mir mein inneres Wesen zu zeigen.

Mir wird bewusst. Ich bin im Sternzeichen Zwillinge geboren. Neugierig entdeckte die kleine Martina ihre Welt. Sie war lebhaft und wollte alles entdecken!

Als Mädchen wollte ich immer Schriftstellerin werden. Ich sah mich mit einer Schreibmaschine sitzen und Bücher schreiben. Frühzeitig, als Jugendliche schon, schrieb ich Gedichte.

Ich liebe es, Gefühlen und Gedanken Worte zu geben und mich auszudrücken. Ich liebe Gespräche, Kommunikation, Austausch mit anderen. Ich konnte mein Wesen in jeder Lebensphase ausleben.

Ich bin der Schmetterling, immer unterwegs, auf Entdeckungsreise.

Als Sternzeichen Zwillinge bin ich im Element Luft. Luft ist Bewegung, Kommunikation.

Mein Wesen fühlt sich leicht. Manche meinen, Zwillinge sind oberflächlich.

Das mag vielleicht manchmal so erscheinen.

„Es gab selten einen Menschen, mit dem ich so tiefsinnige Gespräche führte, wie mit Martina!" Das sagte einmal ein ehemaliger Krankenpflegekollege über mich zu einem Kollegen. Das erfreute mich sehr! Oft hatten wir in langen Nachtdiensten Zeit für tiefe Gespräche. Der Austausch mit diesem Kollegen war bereichernd für uns beide!

Nach einer Fußreflexzonentherapie mit Wirkung der Schmetterlinge in mir, erscheint wieder der Schmetterlingengel, in Gedichtform:

Gedicht: Fliege Schmetterling!

Einst wurden Deine Flügel verletzt.
Ich habe sie wieder zusammengesetzt!
Nun bist Du wieder ganz!
Fliege, Schmetterling!
In Deinem schönsten Glanz!

Das eigene Wesen will leben

… und in jeder Lebensphase seinen Ausdruck finden. Es möchte sich entfalten!

In meiner Kindheit und Jugend konnte ich mich entfalten. In meiner ersten Ehe war ich frei. Der Schmetterling wurde geliebt und geschätzt.

Später in der Familie meines zweiten Mannes wurde ich nicht gefeiert, wenn sich mein Wesen zeigte! Ich war nicht richtig, nicht gut genug. Es hat mich verletzt. Auch wenn ich das damals nicht zugeben wollte. Rückblickend gebe ich es zu: Ja, es hat mich verletzt! Und ich habe mich versucht anzupassen, um dazu zu gehören. Dafür habe ich auch hin und wieder mein Wesen unterdrückt und nicht leben lassen.

Gott sei dank, hat mir nun Gott einen Schmetterlingsengel gesandt. Der Engel hat meine verletzten Flügel wieder zusammengesetzt!

Gestern nahm ich an einem Online-Seminar teil, in dem es um antroposophische Biografiearbeit ging.

Frau Dr. Susanne Hofmeister hielt den Vortrag. Sie sagte einen entscheidenden Satz: „Jedes Kind will laufen lernen!" Es war, als hätte sie diesen Satz für mich gesagt! Mir ist bewusst, ein Kind löst sich aus

Abhängigkeiten von Eltern, wenn es selbst laufen kann!

Für mich gilt: Ich löse mich aus der Abhängigkeit von meinem Mann, wenn ich selbst wieder laufen kann!

Wenn wir von anderen abhängig sind und deren Hilfe benötigen, kommt es auch dazu, dass andere über uns entscheiden und uns lenken!

Und es kommt auch oft dazu, dass die, die Hilfe brauchen, eigene Wünsche und Bedürfnisse unterdrücken, um den anderen milde zu stimmen.

Das eigene Wesen wird unterdrückt! Droht zu ersticken!

Manchmal fällt mir das Atmen schwer.

Meine Ergotherapeutin sagte neulich in der Therapie: „Du darfst auch atmen!" Ich hatte einfach die Luft angehalten!

Meine Fußreflexzonentherapeutin fragte heute: „Hast du Atemnot?"

Nein, aber ich halte unbewusst sehr oft die Luft an!

Oft ist unerwünscht, wenn ich meine Meinung sage. Das hat mich vielleicht dazu gebracht, die Luft anzuhalten! Die Luft anhalten ist ein Metapher dafür, die eigene Meinung nicht zu äußern.

Leben und leben lassen

…heißt eine volkstümliche Regel. Aber die meisten halten sich nicht an diese Regel. Sie möchten das Andere leben, wie es in ihr Leben passt!

Dann kann es schon geschehen, dass manch einer, in Gegenwart der Machtinhaber, die Luft anhält!

Jeder sollte das Seine leben und andere das Ihre leben lassen! Vielleicht hätten wir dann weniger

Streit, keinerlei Kriege mehr! Was hätten wir dann für eine schöne Welt! Wir hätten ein Paradies! Wir würden im Licht des Lebens sein!

Licht

… heißt meine heutige Tageskarte.

Meiner Fußreflexzonentherapeutin kann ich mit einem homöopathischen Mittel und einer Gedankenreise helfen. Wie schön im Licht zu sein und sich gegenseitig zu helfen, wenn Hilfe gebraucht wird!

Wir haben uns beide ein Licht gebracht! Jeder mit dem, was er kann! Und so ist jedem seine Welt etwas heller geworden!

Das ist gut und heilsam: Jeder darf für einen anderen ein Licht sein und ein Licht anmachen, dann kann das eigene wieder heller leuchten!

Gedicht: Jeder darf ein Licht dem anderen sein!

Manchmal ist es im Leben lange Nacht!
Dann ist es gut,
wenn einer da ist,
der uns ein Licht anmacht!
Oder, wenn wir einen sehen,
der allein im Dunkel ist
und Licht vermisst!
Wenn wir das sehen,
sollten wir hingehen!
Und ein Licht hinbringen!
Gemeinsam dem Leben ein Lied singen!
Jeder darf ein Licht dem anderen sein!

Dann ist keiner mehr im Dunkel allein!

Füreinander Licht sein

Ich denke an meine Schulzeit als Mädchen. Da gab es eine Familie, die von anderen verachtet wurde. Ich ging zu dieser Familie. Und ein Junge aus dieser Familie half mir oft in der Not! Er war wie ein großer Bruder für mich! Ich brachte ein Licht in die Familie. Und der Junge brachte mir ein Licht, weil er mich auf dem Schulhof, in mancher Dunkelheit, beschützte.

Wenn ich in meine Leben zurücksehe, waren immer wieder Menschen bei mir, die mir ein Licht brachten, wenn es nötig war!

Und auch ich durfte zu anderen ein Licht bringen! Danke!

Seit ich im Rollstuhl sitze, haben sich einige von mir abgewandt, die sich vorher Freunde nannten. Heute ist mir bewusst: Das sind und waren nie Freunde! Freunde sind die, die ein Licht bringen, wenn es dunkel beim „Freund" ist! Aber da sind sie dann weg! Die selbsternannten Freunde! Als es dunkel war, ging ihnen selbst das Licht aus!

Es ist nicht schlimm, dass sich die selbsternannten Freunde still und unauffällig davongemacht haben!

Gott hat mir echte Freunde dafür gesandt, die das Licht mitbringen! Ich danke Gott und diesen lieben Menschen mit dem Licht!

Die selbsternannten Freunde sind vergessen! An meinen Kindheitsfreund denke ich noch! Er hat einen Platz in meinem Herzen! Die Pseudofreunde sind weg im Leben und weg aus dem Herz.

Mein Kindheitsfreund hat einen Platz in meinem Herz, und manchmal macht er dort noch Licht!

Gedicht: Echte Freunde bringen Licht

Du hast mir gezeigt,
was Freundschaft ist!
Als wir uns nicht mehr sahen,
hab ich Dich und Freundschaft vermisst!
Du warst wie ein Bruder!
Du guter!
Mit dir hab ich den Wert der Freundschaft gelernt!
Es ist lange her!
Viele, die nach dir kamen, haben sich, bevor
Freundschaft entstand, längst wieder entfernt
aus meinem Leben!
Du bist noch hier,
in meinem Herzen bei mir!
Durch dich hab ich echte Freundschaft gelernt!
Und auch heute erkannt!
Echte Freunde
bringen Licht,
wenn es dunkel ist!

Echte Freunde

… gibt es selten und nur wenige.
Die Menschen, die sich selbst zu meinen Freunden ernannten und sich in mein Leben schlichen, als ich noch erfolgreiche Heilpraktikerin war, sind alle weg. Sie waren nur solange in meinem Leben, wie sie mich brauchten! Eine der Selbsternannten wollte gern so sein wie ich! Sie quetschte alles Wissen aus mir

heraus, nahm in vollen Zügen. Dann machte sie eine Heilpraktikerausbildung und bestand die amtsärztliche Prüfung nicht! Sollte wohl nicht sein!?
Nach meiner Reha feierte ich in unserem Garten mit Freunden, auch denen, die sich in mein Leben geschlichen hatten. Die Freundin, die die Prüfung nicht bestanden hatte, rückte sich als Stargast in den Vordergrund meiner Feier. Sie musste immer wieder und jedem erzählen, wie schwer sie es mit der Prüfung hatte und wie ungerecht das doch sei! Hallo! Das war meine erste Feier mit Freunden, nachdem ich einen schweren Schlaganfall überlebt hatte! Es ging um meine Feier, die keine Trauerfeier werden sollte, weil jemand die Heilpraktikerprüfung nicht bestanden hat!
Unser damaliger Pfarrer, der auch mein Freund war, merkte, dass es mir nicht gefiel, was da geschah. Er spielte für mich ein Lied mit seiner Schalmei, „Christ ist erschienen"! Dann saß er neben mir und streichelt meinen Arm und sagte liebevoll: „Schön, dass du nach diesem Schicksalsschlag wieder Geburtstag feiern darfst!" Wir hielten kurz Inne und dankten Gott! Ein Freund, der mir ein Licht brachte!
Während mir ein Freund ein Licht brachte, saß eine andere selbsternannte Freundin in einer Ecke und weinte, weil alle bei mir zur Feier waren und nicht mit ihr zum Mantrasingen auf ihren Berg kamen, für den sie entschieden hat, dass es ein Kraftplatz sei! Da wollen sie erleuchten! Da, wo eine Freundin in Not geraten ist und im Rollstuhl sitzt, ist es langweilig geworden. Und erleuchten kann man da auch nicht! Die super Pseudospirituellen! Sie versäumen das

Leben, in dem sie Chancen hätten zu erleuchten und rennen zu selbsternannten Gurus oder flüchten auf Berge! Weit weg von Erleuchtungschancen!

Sie sind sich nicht bewusst! Wollen aber Bewusstseinserweiterung! Woher denn? Wenn sie die Chancen nicht bewusst wahrnehmen!

Alle diese Pseudofreunde und Pseudospirituellen haben sich von mir abgewandt und sind aus meinem Leben verschwunden! Das ist gut so!

Jetzt bin ich von Menschen umgeben, die echt sind, die Licht mitbringen, wenn wir uns begegnen! Danke! Danke, dass das so ist!

Die, die da waren und im Leid verschwanden, waren keine Freunde!

Die, die alte Freunde waren und im Leid wiederkamen, haben ein Licht mitgebracht!

Die, die im Leid zu Freunden wurden, hatten ebenso ein Licht dabei!

Das Licht in einer Freundschaft ist ein wertvolles Geschenk!

Ganz bewusst wähle ich meine Freunde! Und ganz bewusst entscheide ich, mit wem ich Freundschaft möchte!

Beziehungen ändern sich im Leben, wie sich alles verändert, wie wir uns verändern! Manchmal müssen wir uns trennen! Und was zu uns gehört, kehrt zurück! Wir müssen nur da sein und lauschen! Lauschen ist meine heutige Tageskarte! Ich lausche, was da immer ist!

Zuhören

„Ich kann zuhören bis die Balken sich biegen", singt einer meiner Lieblingssänger, Heinz Rudolf Kunze.

Oft reicht es aus, wenn jemand einfach nur zuhört, ohne Ratschläge zu geben! Wenn der Erzähler einen Zuhörer hat, findet er mitunter im Erzählen selbst die Lösung! Ich erzähle in meinem Buch alles, was in mir geboren werden will. Und während sie lesen, hören sie die Worte in sich, liebe Leser! Und vielleicht finden Sie ihre eigene Sprache! Ihre Worte! Erzählen Sie sich ihre eigene Geschichte und lauschen Sie, wenn die Lösung kommt!

Ich lausche den Symptomen meines Körpers und nehme die homöopathische Arznei, die mein Körper verlangt! Ich höre meinem Körper zu und erfahre, was er braucht!

Zur Nacht ist es Schmetterlinge, am nächsten Vormittag Natrium muriaticum und nachmittags, nach dem Einkauf im Supermarkt, nehme ich Helianthus annuus.

Meine Physiotherapeutin hat heute meine Gallennarbe und meinen Nabel getaped. Darum hatte ich gebeten. Denn ich lauschte meinem Körper, der mir zeigte, dass ich innerhalb der Narbenregion verdreht bin und dadurch aus meiner Mitte falle.

Wenn alles stimmig ist, läuft's

Mir geht es gut. Mit meinem Tape und meinen homöopathischen Informationen fühle ich mich voller Energie! Ich stehe im Stehtrainer und erkenne:

Wenn ich zuhöre, wird mir bewusst, was ich brauche!
Wenn ich mir das, was ich brauche, gebe, ist alles stimmig!
Im Rollstuhlfahrrad trete ich flott in die Pedale! Es macht mir Freude! Ich bewege mich! Ich fahre gut und fahre einen Kilometer mehr, als üblich!
Wenn alles stimmig ist, läuft's!
Nach dem Abendessen eine Spazierrunde durch unseren Ort. Der halbe Mond leuchtet und die Sterne leuchten! „Weißt du wie viel Sternlein stehen, an dem großen Himmelszelt?", summe ich ganz leise. Mein Mann soll nichts davon hören, sonst ermahnt er mich, leise zu sein! Und ich möchte jetzt keine Diskussionen! Ich genieße, die Sterne leuchten!

Gedicht: Die Sterne leuchten für mich!

Die Sterne leuchten für mich!
Unterm großen Himmelszelt
funkeln Sterne für mich!
Ich staune über das Große über mir
und sehe,
ich fürchte mich nicht!
Die Sterne leuchten für mich!

Größer als ich

Der Himmel ist weit und groß über mir! Ich staune!
Klein verneige ich mich vor dem Größeren!
Gott ist groß, über mir!
Klein verneige ich mich!
Ich bin klein!
Es gibt Größeres als ich!

Ich verneige mich vor dem Größeren!
Und ich fühle mich im Kleinsein getragen von dem Großen!
Es tut gut, dass es Größeres gibt, das uns tragen kann!
Demütig verneige ich mich vor dem Größeren!

Demut lässt mich klein sein

Ich bin klein! Das heißt, ich nehme mich selbst nicht so wichtig! Ich nehme meine Behinderung nicht so wichtig! Alles ist, wie es ist! Ich bin klein, im Großen getragen und versorgt!
Ich bin ein Teil in diesem einen, großen Gefüge.
Vor der Nacht nehme ich Helianthus annuus, die Sonnenblume!
Ich bin die Sonnenblume und empfange das Licht der Sonne! Ich bin nicht die Sonne selbst, doch Sonnenlicht ist in mir! Ich erkenne:

Göttliches ist in mir, ohne selbst Gott zu sein

Ich bin ein Teil von Gottes Schöpfung! Ich bin nicht der Schöpfer selbst!
Ehrfürchtig verneige ich mich vor der großen Schöpfung!
Wie auf einem Feld voller Sonnenblumen, jede einzelne Blume ein Teil des Feldes ist, bin ich ein einzelner Mensch und Teil von Gottes Schöpfung!
Es ist Samstag! Frühstück am Tisch in der Küche! Kein stundenlanges Warten im Bett auf eine Schwester vom Pflegedienst. Ich genieße jedes kleine Stück Freiheit!

Bewusst gehen für Freiheit

„Jedes Kind will laufen lernen!", sagte Dr. Susanne Hofmeister neulich im Webseminar über antroposophische Biografiearbeit. Ich fühle mich angesprochen!

Ich bin neugeboren. Gott hat mir ein neues Leben geschenkt! Und in diesem neuen Leben bin ich immer noch ein Kind! Und somit bin ich abhängig von Menschen, die mir helfen! Das Kind möchte frei werden von all den Abhängigkeiten! Das Kind will laufen lernen!

Nach dem Frühstück zeigt mir mein Körper Symptome für Natrium muriaticum.

Mir fällt ein, dass diese Arznei auch kleinen Kindern hilft, laufen zu lernen!

Bewusst will ich gehen, für Freiheit! Frei sein! Ich will selbst entscheiden, wann ich wohin gehe!

Mir ist diese Freiheit der Selbstentscheidung nicht unbekannt! Bevor ich nach dem Schlaganfall halbseitig gelähmt im Rollstuhl landete, war ich frei! Ich ging wann und wohin ich wollte! Ich musste niemand bitten, mich irgendwo hinzubringen und wieder abzuholen! Ich musste nicht warten, bis ich endlich gewaschen bin und das Bett verlassen darf! Ich wurde nicht jeden Tag mit einem Waschläppchen „abgefuddelt", ich konnte erfrischt jeden Tag aus der Dusche springen. Die Schwestern vom Pflegedienst duschen mich einmal wöchentlich, ansonsten werde ich gewaschen!

Ich bin ein Kind, in meinem neuen Leben, das immer dringender laufen lernen will! Und doch kann ich nicht mehr tun, als ich ohnehin schon tue!

„Gegen den Wind können wir nicht kämpfen! Wir können nur die Segel richten", heißt ein Sprichwort der alten Wikinger!

Auch die alten Wikinger waren schon abhängig! Sonst hätte es dieses Sprichwort nicht gegeben!

Immer schon hat es in der Geschichte der Menschheit die gegeben, die in Freiheit lebten!

Und es gab die, die abhängig waren!

Selbst laufen können, ist die Basis der Unabhängigkeit!

Deshalb will jeder, der nicht laufen kann, laufen lernen!

Wie Frau Dr. Hofmeister sagte: „Jedes Kind will laufen lernen!"

Die Tapes halten noch auf meiner Gallenarbe: Ein Tape brachte meine Physiotherapeutin auf der Narbe am Hals an, die von der Trachealkanüle (Beatmungskanüle) nach dem Schlaganfall noch da blieb!

Die Narbe ist auf meinem Kehlkopf-Chakra. Hier drücken wir uns aus, teilen wir uns anderen mit! Über die Sprache, die Worte! Und auch über unsere Handlung! Unsere nervliche Versorgung der Arme führt knapp in diesem Bereich vorbei. Hier liegt der Brachialisnerv, der in den Armen seine Bahn zieht!

Von dieser Narbe hat sich das Tape gelöst!

Mein kreativer Selbstausdruck ist im Fluss!

Mit Worten sagen

„Wenn Worte meine Sprache wären", singt der Künstler Tim Bendzko!
Meine Sprache sind Worte.
Schon als Krankenschwester nutzte ich lieber die Kraft der Worte, als eine Schlaftablette! Wenn ich Nachtdienst hatte und Patienten nicht schlafen konnten, setzte ich mich manchmal zu ihnen ans Bett und redete mit ihnen, anstatt aus dem Medizinschrank eine Schlaftablette zu holen. Nach einer Stunde schaute ich noch mal und der Patient, mit dem ich gesprochen hatte, schlief tief und fest! Worte sind heilsamer als eine Schlaftablette! Denn Tabletten haben Nebenwirkungen!
Nach dem Schlaganfall lag ich im künstlichen Koma und konnte nicht sprechen. Ich konnte meine Bedürfnisse nicht äußern! Ich fühlte und konnte es niemand mitteilen. Das einzige, was möglich war und mir half, waren meine leisen Gespräche mit Gott und Christus. Hier konnte ich mich mitteilen!
Nun ist das Tape von der Narbe gelöst. Das heißt auch:

Sprachlosigkeit ist vorbei

Ich sage, was ich fühle und denke. Nicht Jedem passt das!
Das ist mir egal!
Ich lasse mir nicht verbieten, ich selbst zu sein!
Die Zeit der Sprachlosigkeit ist vorbei!

Ich rede wieder! Und wem das nicht passt und wer das nicht hören möchte, was ich zu sagen habe, soll in seiner Welt bleiben!

Ich erinnere mich zurück an meinen ersten Mann. Stundenlang saßen wir abends, bis in die Nacht in unserem kleinen Wohnzimmer und haben geredet! Wir interessierten uns, was der andere zu sagen hatte.

In meiner zweiten Ehe waren Gespräche nicht mehr wichtig! Ich wurde sprachloser. Nach meinem Schlaganfall wurde mir mein Kehlkopfchakra aus medizinischer Notwendigkeit verletzt. Die Narbe, die davon blieb zeigt mehr! Sie zeigt meine Sprachlosigkeit! Meine Meinung war oft nicht mehr erwünscht! Manchmal besuchen mich Freundinnen! Sie interessiert, was ich zu sagen habe!

Ich denke an meine Buchlesung zu „Der Himmel ist nah"! Die Zuhörer wollten hören, was ich zu sagen habe! Ich habe meine Sprache wieder gefunden!

Ich teile mein Inneres mit!

„Du trägst dein Herz auf der Zunge", sagte eine frühere Krankenpflegekollegin oft.

Ich sage, was ich denke und fühle! So war ich früher schon. Dann hat es mir die Sprache verschlagen! Mein Schlag hat mich wachgerüttelt! Und die Sprachlosigkeit ist vorbei! Das ist gut! Ich denke an meine Buchlesung! Ich las etwas, was ich über Christus schrieb. Das hat mich selbst zutiefst berührt, dass ich in Tränen ausbrach. Ich ließ es geschehen. Früher hätte ich mir das verboten! Mein Verstand hätte gesagt: „Reiß dich zusammen! Du kannst doch nicht hier vor den Leuten weinen!"

Doch, das kann ich! Ich bat um Entschuldigung. Voller Mitgefühl reagierten meine Zuhörer! Das sei in Ordnung! Sichtlich berührt waren die Zuhörer!

Ich zeigte Gefühl und die Antwort der anderen war Mitgefühl! Die Sprachlosigkeit ist vorbei!

Die Zeit des Fühlens beginnt

…und wir dürfen über Gefühle reden. Gefühle wollen fließen! Sonst bildet sich ein Staudamm. Dieser kann platzen, wie vor sechseinhalb Jahren das Aneurysma in meinem Kopf platzte! Und meine Gefühle über mein Herzblut mein Gehirn lahm legten!

Gefühle brauchen Bewegung! Bewegung ist meine heutige Tageskarte. Wenn wir über unsere Gefühle reden, bringen wir sie in Bewegung!

Ich bewege mich nach meinem Stehtrainer in meinem Rollstuhlfahrrad! Gefühle fließen durch körperliche Bewegung.

Durch Bewegung geht es mir besser. Dafür gibt es eine homöopathische Arznei, Rhus toxicodendron. Alles wird besser durch Bewegung.

Später ist meine gelähmte Hand sehr verkrampft. Auch das ist ein Symptom für Rhus toxicodendron! Ich nehme die Arznei! Meine Hand ist locker und entspannt, mir geht's gut!

So geht Homöopathie! Die Symptome des Patienten müssen zu den Symptomen der homöopathischen Arznei passen. Dann hilft die Homöopathie! Der größte Fehler liegt in der Homöopathie darin, dass die passende Arznei nicht gefunden ist. Dann bleibt auch die Wirkung aus! Und Unwissende behaupten dann: „Homöopathie hilft nicht!"

Homöopathie hilft, wenn man es richtig macht!

Wenn das passende Arzneimittel nicht gefunden wird, weil die Kenntnisse darüber fehlen, liegt das nicht an der Homöopathie, die nicht hilft! Sondern an der falschen Anwendung!

Homöopathie hilft, wenn man es richtig macht!

„Similia similibus curentur", ist das Grundgesetz der Homöopathie. So hat es Samuel Hahnemann, der Erfinder der Homöopathie in seinem „Organon", dem Standartwerk der Homöopathie beschrieben.

Similia similibus curentur heißt: Ähnliches wird durch Ähnliches geheilt!

Das bedeutet:

Die Symptome des Patienten müssen mit den Symptomen der Arznei übereinstimmen. In Arzneimittelbildern zu den Arzneien können wir die Symptome nachlesen!

Homöopathie hilft, wenn man es richtig macht!

Die Homöopathie braucht keine Lobbyisten!

Die Pharmaindustrie hat ihre Lobbyisten!

Und es gibt einige, die Interesse daran haben, die Homöopathie zu verbieten! Warum wohl? Weil sie nicht hilft?! Oder weil sie zu gut hilft, dass sich andere Medikamente erübrigen, mit denen einige viel Geld verdienen! Und für die, die mit den pharmazeutischen Medikamenten Geld verdienen wollen, wäre es natürlich besser, das, was wirklich hilft, die Homöopathie, zu verbieten!

Wer homöopathisch behandeln will, muss genau auf die Sprache des Körpers achten und homöopathische Arzneimittelbilder kennen!

Rhus toxicodendron ist eine Pflanze, das Giftsumach. Rhus toxicodendron hat selbst wenig Halt. Deshalb braucht es einen Zaun, an dem es entlang wachsen kann. Im gewissen Sinne gibt der Zaun vor, wo lang die Pflanze wachsen kann.

Wir brauchen Halt

…, um uns entfalten zu können! Und wenn wir den Halt verloren haben, müssen wir uns Halt suchen!
Nach meinem Schlaganfall habe ich meinen Halt verloren. Der Rollstuhl gibt mir Halt, die Hilfe meines Mannes gibt mir Halt!
Aber dieser Halt schränkt mich ein und gibt mir ein Stück weit vor, bis wohin meine Bewegung gehen darf!
„Fühlt sich eingeengt, möchte fliehen", ist die psychologische Bedeutung von Rhus toxicodendron nach Antonie Peppler. Eine große Homöopathin, die ich selbst einmal in einem Seminar kennen lernen durfte.
Vor vielen Jahren hielt ich in meinem Homöopathieheilkreis in meiner Praxis einen Vortrag über Rhus toxicodendron. Dazu habe ich die kletternde Pflanze an einem Zaun auf einer Leinwand gemalt. Das Bild hängt zur Zeit in der oberen Etage unseres Hauses!
Als ich damals den Vortrag über Rhus toxicodendron hielt, war ich zum Yoga und fühlte mich gut! Durch Bewegung wird alles besser! Ein gutes Gefühl war in mir. Es passte zum Thema der Arznei über die ich referierte! Es gibt keine Zufälle!

Heute, viele Jahre später, sitze ich im Rollstuhl und fühle wieder: Durch Bewegung wird alles besser!
Und mir wird bewusst:
Woran wir uns festhalten, das schränkt uns auch ein!

Halt hält fest

„Sei froh, dass es das alles gibt", sagen manche über meine Hilfsmittel. „Sei froh, dass Du das alles nicht brauchst", antworte ich oft.
Hilfsmittel helfen mir, aber schränken auch ein!
Mein Rollstuhl gibt mir Möglichkeit der Bewegung. Doch oft engt er mich auch in meinen Bewegungen ein!
Hilfsmittel sind immer nur Hilfsmittel, wie es der Name schon sagt!
Wie Rhus toxicodendron sich am Zaun festhält, der die Wachstumsmöglichkeiten vorgibt. So geben auch Hilfsmittel einem behinderten Menschen Möglichkeiten vor.
Dazu ist nicht alles Barrierefrei! Wenn ich im Rollstuhl durch eine Stadt geschoben werde, holpere ich über Kopfsteinpflaster, sodass ich das Gefühl habe, gleich umzukippen.
Und dazu kommt die Rücksichtnahme anderer Menschen. Hunde werden frei laufen gelassen, bellen mich an, auf Augenhöhe! Ich kann mich nicht wehren. Oft muss ich mir noch böse Worte anhören, wenn ich die Besitzer bitte, ihren Hund an die Leine zu nehmen! Ich habe während ich behindert im Rollstuhl sitze, viele Situationen mit anderen erlebt, die mir bewusst gemacht haben:

Unsere Gesellschaft verroht!

Ohne sich überhaupt Gedanken darüber zu machen, wie es anderen geht, laufen viele mit Scheuklappen durchs Leben!
Sie sehen nur das Leben in ihrem „Tunnel"! Alles andere, was daneben stattfindet, wird nicht wahrgenommen!
Unter den Menschen ist keine Empathie!
Viele haben Augen, aber sie sehen nichts!
Viele haben Ohren, aber sie hören nicht!
Viele leben nur in ihrem Tunnel und kommen nicht heraus, ins echte Leben!
In ihrem Tunnel haben sie ihre Ruhe!
Es gibt immer mehr Menschen, die einfach nur ihre Ruhe haben wollen!
Sind wir dafür im Leben, um unsere Ruhe zu haben? Soll das der Sinn des Lebens sein?

Die Seele bereichern

Am Ende des Lebens ist es unsere Seele, die bereichert das Leben verlassen möchte!
Und die gibt sich bestimmt nicht damit zufrieden, wenn das Leben in Ruhe war!
Die Seele möchte reifen und wachsen!
Die Seele möchte sich entfalten! Die Seele möchte lieben! Die Seele möchte reich sein, wenn das Leben zu Ende ist!
Dafür braucht die Seele:

Lebendigkeit

Und da kann schon mal was los sein!
Wir wachsen an unseren Aufgaben! An unseren Herausforderungen!
Ich bin gewachsen mit meiner Behinderung! Ich bin stark geworden! Ich habe gelernt, auf Gott zu vertrauen!
Mein Sohn ist zurzeit als Filmemacher in Kenia. Meine Liebe und mütterlichen Segen habe ich ihm mitgegeben! Ich bitte Gott um Schutz und Segen für meinen Sohn! Ich bin in Liebe, und Angst hat keine Chance!
Meiner Schwiegermutter habe ich bewusst verschwiegen, dass unser Sohn nach Kenia geflogen ist. Denn sie ist sehr pessimistisch und glaubt immer das schlimmste! Deshalb ist es besser, ihr nichts zu sagen, um zu verhindern, dass sie negative Energien in unser Leben holt!

Wir ziehen die Energie in unser Leben!

Mit negativen Gedanken ziehen wir negative Energien an! Bei den Pessimisten sitzen die Dämonen schon in den Startlöchern!
Die Optimisten gehen mit den Engeln.
Mein Sohn schrieb, er ist gut angekommen und: „Afrika ist wunderschön!"
Ich habe in meinem Morgengebet um göttlichen Schutz für mein Kind gebetet und bin in Liebe!
Meine heutige Tageskarte ist der Schutz! Ich begreife Gottes Botschaft! Gott hat mir seinen Schutz, um den

ich bat, zugesichert! Es läuft bestens! Obwohl ich nicht laufe! Aber mein Leben läuft bestens!

Ich ziehe das in mein Leben, was ich glaube! Energie folgt der Aufmerksamkeit!

Ich sitze seit sechs Jahren halbseitig gelähmt im Rollstuhl! Ich fühle und glaube, dass alles gut ist, wie es ist! Und so läuft auch ohne körperliches Laufen alles bestens!

Homöopathie gibt die Information zur Gesundheit!

Am Abend sitze ich vorm Waschbecken und stelle fest:

Ich habe glühend-heiße Wangen und eiskalte Hände und Füße! Das ist ein Leitsymptom für Belladonna. Ich nehme die homöopathische Arznei. Ganz nebenbei löst sich mein Schmerz in meiner linken Schulter!

So etwas gibt es nur in der Homöopathie:

Ein einziges Arzneimittel heilt den ganzen Körper!

Die Homöopathie bekämpft nichts!

Sie stärkt das Gesunde!

Es gibt keine homöopathischen Mittel, die gegen etwas wirken! In der Pharmamedizin gibt es Antianalgetika gegen Schmerzen.

In der Homöopathie gibt es nur ein passendes Mittel, entsprechend der Symptome! Und alles heilt!

Homöopathie wirkt für eine Gesundheit!

Am Morgen erwache ich. Meine Nase ist einseitig verstopft. Das ist ebenso ein Symptom für Belladonna! Ich nehme die Arznei. Und einfach so

sind auch meine Schmerzen im Nacken weg, die ich vor der Einnahme von Belladonna noch verspürte!
Homöopathie bekämpft nichts!
Homöopathie stärkt und informiert die Selbstheilungskräfte!
Durch die Information der passenden homöopathischen Arznei heilt sich der Körper selbst!
Homöopathie gibt die Information zur Gesundheit!

Eine Gabe

Eine Pflegekraft, die „nur" als Hilfskraft arbeitet, duscht mich. Ein ganz nettes Mädchen. Ich mag sie sehr!
Im Badezimmer erzählt sie mir von Erlebnissen, was sie fühlte, bevor ein Patient verstirbt. Als das dann so war, erschreckte sie. Dieses Fühlen machte ihr Angst!
Ich erzähle ihr von Erfahrungen aus meiner Krankenschwesterzeit! Ich hatte auch diese Gabe! Ich erkläre der verunsicherten, lieben, jungen Pflegekraft meine Sichtweise:
Es ist gut für eine Krankenschwester diese Gabe zu haben! Sie ist ein Gottesgeschenk! Und wer diese Gabe hat, kann vielleicht einem Patienten noch einen Wunsch erfüllen, oder vielleicht auch Leben retten.
Ich erinnere mich an einen jungen Mann auf der Unfallstation.
Ich hatte Nachtdienst und war gerade durch alle Zimmer gegangen. Da hatte ich plötzlich das Gefühl, noch mal nach einem jungen Mann zu sehen.
Ich folgte meinem Gefühl. Eine halbe Stunde vorher war alles in Ordnung. Der Blutdruck war in Ordnung, die Pupillen gleichgroß.

Als ich das Zimmer betrat, nachdem mich mein Gefühl dazu drängte, saß der junge Mann auf der Bettkante, verdrehte die Augen und wurde bewusstlos. Schnell legte ich ihn in sein Bett, schob das Bett zum Fahrstuhl, alarmierte den Dienst habenden Arzt. Ich fuhr ihn gleich im Bett zum CT. Eine Hirnblutung wurde festgestellt. Der junge Mann wurde sofort operiert! Sein Leben war gerettet, weil ich meinem Gefühl vertraute, und nicht dem vorher gemessenen Blutdruck.

Eine Patientin mit Knochenmetastasen lag auf unserer Unfallstation. Sie hatte Appetit auf Schlagsahne. Die Krankenhausküche hatte keine. Ich sagte zu meiner Kollegin, mit der ich Spätdienst hatte, dass wir morgen keine Schlagsahne mehr brauchen. Ich fühlte, dass das die letzten Minuten im Leben der Patientin waren. Meine Kollegin ging zu einem Supermarkt, in der Nähe des Krankenhauses, und besorgte Schlagsahne. Wir bezahlten die Schlagsahne aus unserem eigenen Portemonnaie, schlugen sie und gaben sie der Patientin. Die Augen der Patientin leuchteten, sie genoss die Schlagsahne mit einem tiefen Seufzer. Dann fasste sie meine Hand, sah mich an. Mit Tränen in den Augen sagte sie innig: „Danke! Du lieber Mensch!"

Kurz bevor mein Dienst zu Ende war, sah ich, das Leben der Patientin geht zu Ende! Ich setzte mich zu ihr und hielt ihre Hand! Dann atmete sie ein letztes mal tief ein und aus!

Es war vollbracht! Meine Kollegin rief den Arzt an. Dann stellten wir uns zu der Verstorbenen ans Bett, beteten ein Vaterunser, nahmen uns in die Arme und ließen unsere Tränen fließen. Wir waren beide dankbar, dass wir der Patienten noch einen letzten Wunsch erfüllen durften. Auch, wenn es nur Schlagsahne war!

Ich erzählte diese Erfahrungen meiner Pflegekraft heute Morgen im Badezimmer. Ich sagte ihr, dass es ein Geschenk ist, diese Gabe zu haben und ein Stück in die Tiefen des Lebens zu schauen! Somit ist es möglich, Gutes zu tun.

Die junge Pflegekraft sagt, sie hätte Angst vor sich selbst, weil das eintritt, was sie fühlt. Ich sage ihr: „Es tritt nicht ein, was du fühlst! Sondern du fühlst, was eintreten wird!"

Und diese „Hilfspflegekraft" fühlt durch ihre Gabe mehr, als ausgebildete Krankenschwestern wissen.

Ich sage ihr: „Die Gabe hat dir Gott geschenkt! Das lernt man nicht in einer Ausbildung!"

Ich freue mich, dass ich dieses tolle Mädchen unterstützen konnte! Und ihr zeigen durfte, dass alles in Ordnung mit ihr ist! Sie hat eine besondere Gabe von Gott! Und das ist ein Geschenk!

Mir wird bei diesem Gespräch bewusst, wie gern und mit welcher großen Freude ich als Krankenschwester auch Praxisanleiterin und Mentorin gearbeitet habe!

Ich liebte es, die jungen Menschen in den wunderschönen Beruf der Krankenpflege zu begleiten. Ich erkannte, wer die Gabe hatte. Und Empathie und Trost waren mir wichtiger als der perfekte Verband.

Empathie kann man nicht lernen. Es ist in unserer Seele! Wir bringen es mit, oder auch nicht!

Wer die Gabe hat, kann andere heilend und tröstend berühren.

Das wirklich Wertvolle im Leben

...ist nicht das Perfekte!
Es ist nicht das Wissen, das der Verstand angehäuft hat!
Das wirklich Wertvolle ist das, was wir dem Leben, was wir anderen schenken!
Vor meinem Schlaganfall arbeitete ich ehrenamtlich als Sterbebegleiterin im ambulanten Hospiz. Für diese Arbeit gab es keine Entlohnung! Und ich vermisste auch keine!
Denn ich fühlte, dass ich etwas sehr Wertvolles tue. Ich hatte in meiner Praxis genug zu tun, und trotzdem stellte ich mich zusätzlich dieser ehrenamtlichen Arbeit! Es war mir eine Ehre, Menschen begleiten zu dürfen! Ehrfürchtig nahm ich die große Dankbarkeit an, die ich von den Menschen bekam, bei denen ich sein durfte!
Anderen Liebe zu schenken, einfach Da sein, ist das Wertvolle im Leben! Es bereichert nicht nur den anderen, für den wir da sind, es bereichert auch uns selbst!
Und diese Bereicherung ist so viel größer als Reichtum durch Gut und Geld!
Die Bereicherung, die wir aus Liebe erhalten, nenne ich:

Herzensbereicherung

Wer aus dem Herz heraus Liebe und Freude schenkt, ist ein gern gesehener Gast!
Wer leer im Herzen ist und große Geschenke mitbringt, berührt die anderen nicht!
Wahre Berührung kommt aus dem Herzen!
Wahre Geschenke kommen aus dem Herzen.
Ich liebe Geschenke besonders, wenn sie selbst gebastelt sind.
Auch ich verschenke gern ein Bild oder ein Gedicht. Das kommt vom Herzen!
Ich bin gerührt, wenn mir jemand liebe Worte sendet. Das ist eine wahre Bereicherung! Mehr als ein Geldschein in einer Karte! Mit einem Text, der so hingeschrieben wurde! Vielleicht noch, weil man sich verpflichtet fühlt!
Ich hatte zum Glück immer Menschen, die mich bereicherten!
Und ich habe immer Menschen, die ich bereichern darf! Das ist mir eine große Ehre!
Meine kleine Pflegekraft heute im Badezimmer strahlte, nachdem ich ihr liebevoll ihre wunderbare Gabe erklärte! Dieses Strahlen in Augen eines Menschen, denen man etwas Gutes tun durfte, ist eine große Entlohnung, für das, was man gab! Und es macht uns reich! Im Herzen!
Mein Sohn schickt Fotografien und Grüße aus Kenia. Ein kleines, niedliches Äffchen berührt mein Herz! Das Äffchen schaut mich liebevoll an und reicht mir seine Hand. So sieht es auf der Fotografie aus.

Die Hand reichen ist eine Einladung!

Wozu bin ich eingeladen? Bewegung ist meine Tageskarte. Und ich bewege mich im Elektrorollstuhl mit meinem Mann zu einer großen Spazierrunde. Wir spazieren den alten Bahndamm entlang. Von dem Hügel aus sehen wir in unseren Ort.
Ich bin in Bewegung, auch wenn ich nicht laufen kann!
Das kleine Äffchen vom Foto meines Sohnes ist auf einen Baum geklettert und sieht die Welt von oben!
Es reicht mir die Hand!
Ich bin auf unserem alten Bahndamm, auf einem Hügel im Elektrorollstuhl unterwegs! Ich bin der Einladung gefolgt und habe meine Perspektive gewechselt!

Die Welt von oben sehen

Vom Hügel unseres Bahndammes aus sehe ich die Dächer der Häuser unseres Ortes! Unter jedem Dach ist Leben! Unter jedem Dach ist ein anderes Leben! Und alles darf sein! Da ist kein Gut und kein Schlecht! Da ist es einfach! Das Leben!
Ich bin behindert. Das ist nicht schlimm und nicht schlecht! Es ist einfach! Es ist eine Form des Lebens!
Ich sehe von oben auf die Dächer der Häuser! „Unter jedem Dach ein anderes Ach!", sagte meine Oma oft! Alle haben Sorgen! Alle haben Freude! Ob behindert oder nicht! Das spielt dabei keine Rolle!
Wenn wir die Welt von oben sehen, wird plötzlich bewusst: Wir sind einzelne Menschen und zusammen

die Menschheit! Wir alle denken und fühlen! Wir leben und lieben! So, wie es unter jedes Dach passt!
Ich sehe weiter über die Dächer des Ortes zur anderen Seite, zu einem Hügel mit Feldern und am Horizont ist der Wald!
Der Ort ist eingehüllt, gebettet in die Natur!
Der Ort ist geschützt unterm Himmelszelt!
Der Ort ist geborgen in Gott! Aber nur für die, die es zulassen können und es fühlen! Gott ist da! Doch der Mensch wendet sich oft ab!

Gedicht: Wir bekommen, was wir erbitten!

Was ist verborgen unter jedem
einzelnen Dach!
Es ist das Leben!
Mal ist es stark!
Mal ist es auch schwach!
So ist es eben!
Unter einem Dach wird gehadert,
unterm nächsten gejammert!
Unter einem anderen wird geweint!
Unterm nächsten hat man sich in Liebe vereint!
Unter einem Dach wird gesungen!
Im lieblichen Klang hat sich ein Engel herab
geschwungen
in diese Welt!
Er wurde von einem in Liebe bestellt!
Und hat auch Liebe mitgebracht!
Für alle, die an Liebe gedacht!
Und sie empfangen möchten!
Nur wer empfangen möchte,
wird empfangen!

Nichts wird uns aufgezwungen!
Wir bekommen, was wir erbitten!

Wir bekommen, um was wir bitten

Meine Seele wollte heilen. Nun bin ich behindert und darf heilen!

Meine Seele hat bekommen, worum sie bat! Auch wenn ich mich nicht daran erinnern kann, wann immer meine Seele darum bat! Mein Geburtshoroskop zeigt mit Aszendent Jungfrau. Heilung als meinen Entwicklungsweg!

Beim Gerätetraining krampft wieder meine gelähmte Hand! Ich nehme Rhus toxicodendron. Die Hand wird wieder locker!

Das Äffchen reichte mir „symbolisch" die Hand! Ich habe mir die Welt von oben betrachtet! Jetzt bin ich wieder nach unten gerollt! Meine Hand muss sich festhalten! Mit Rhus toxicodendron kann sie den falschen Halt loslassen!

Ich muss nicht festhalten, denn ich bin in Gott gehalten! Ich bin im Leben gehalten!

Oft schon habe ich gebetet, dass ich wieder laufen kann. Sechseinhalb Jahre bete ich immer wieder! Im Wasser kann ich laufen, weiter geht es nicht!

Ich bin mir sicher, meine Gebete werden erhört! Auch wenn mein größter Wunsch noch unerfüllt blieb, bleibe ich unerschütterlich im Glauben!

Unerschüttert Glauben

Im Sommer saß ich am steinernen Tisch, am Fuße der Fahner Höhe.

Ich betete ein Vaterunser und darum, dass das Beste für mich geschieht. Ich bekam Zugang zur Akasha-Chronik. Ein göttliches Geschenk! Ist das nicht viel größer, als einfach nur zu laufen? Danke, großer Gott!

Ich habe oft noch weiter gebetet, um wieder zu laufen! Es ist nicht geschehen! Ich bin nicht enttäuscht! Weil ich nichts erwarte! Ich empfange, was kommt! Von Gott kommt! Gott weiß, was das Beste für mich ist! Ich vertraue! Immer kam das Beste! Siehe den Zugang zur Akasha-Chronik!

Ich bleibe unerschüttert im Glauben!

Aus der Akasha-Chronik durfte ich erfahren, ich muss so geduldig auf mein Laufen warten! Das ist eine Prüfung! Mein Glaube und mein Gottvertrauen werden in diesem Leben geprüft!

Glaube ist bedingungslos

Vor sechs Jahren hat mir Gott nach einem Schlaganfall ein neues Leben geschenkt. Dafür musste ich nichts tun! Dafür musste ich keine Leistung erbringen! Ich bekam bedingungslos neues Leben geschenkt!

Und ich glaube, dass ich wieder laufen werde!

Obwohl das nach sechseinhalb Jahren noch nicht erfüllt wurde, ist mir bewusst, dass ich glaube! Mein Glaube an Gott ist bedingungslos! Ich glaube an Gott, obwohl ich noch nicht wieder laufe!

Aus der Akasha-Chronik weiß ich, das ist die Prüfung, ob mein Glaube an Gott bedingungslos ist!

Ja, ich glaube bedingungslos und fühle mich in Gott geborgen!

Viele wollen zuerst das Wunder und beginnen dann zu glauben!
Das ist Glaube, der an Bedingungen knüpft!
Wir sollten Gott vertrauen, das Wunder geschehen!
Ich vertraue auf Gott! Meine Tageskarte ist das Licht.
Am Vormittag nahm ich die Arznei Helianthus annuus. Die Sonnenblume! Ich bin als Mensch wie eine Sonnenblume, die mit Licht und Liebe versorgt wird!
So wird immer das Bestmöglichste geschehen.
Nun begreife ich, warum ich erst den Zugang zur Akasha-Chronik bekam, bevor ich laufe! Denn durch die Akasha-Chronik erfuhr ich, dass das meine Prüfung ist zu meinem bedingungslosen Glaube!
In meinem Geburtshoroskop steht Pluto am Aszendent! Pluto steht in Verbindung mit Glaubensfragen!
Mein Glaube ist unerschüttert! Auch, wenn nach sechseinhalb Jahren, dass worum ich bat, unerfüllt ist, bete ich weiter! Und glaube!
Gott verlässt mich nicht!

Auf Gott ist Verlass

Manche glauben, Gott hätte uns Menschen verlassen! Doch Gott verlässt uns nicht!
Es ist eher umgekehrt:
Die Menschen verlassen Gott!
Dann irren sie umher.
Sie fühlen sich haltlos!
Sie fühlen sich führungslos!
Sie sind lieblos!
Alles, weil sie

Gottlos sind!
Weil sie sich von Gott abgewendet haben!

Verdreht und eingeengt

...fühle ich mich in der Wirbelsäule. Da ist eine Blockade. Ich nehme vor der Nacht die homöopathische Arznei Rhus Toxicodendron.
Am nächsten Vormittag leite ich meine Physiotherapeutin zur Blockade. Die Blockade wird gelöst.
Dann kann ich wunderbar meinen Darm entleeren. Die Blockade hat auf einen Nerv gedrückt, der meine Verdauung lähmte.
Ich nehme gleich noch einmal Rhus toxicodendron.
Ich nehme war, dass ich mich verdreht hatte. Im Körper ist die Verdrehung, dank der manuellen Arbeit meiner Physiotherapeutin gelöst!
Gestern kauften wir uns einen neuen Fernsehapparat, weil unser alter kaputt ist.
Im Markt entschieden wir uns für ein Gerät. Der Verkäufer gibt uns Rabatt. Dann sagte mein Mann einen niedrigeren Preis, den uns der Verkäufer zugesagt hat. Der Verkäufer wendete gleich ein. Ich bestätige den niedrigeren Preis. Der Verkäufer sagt lachend: „Na klar, jetzt halten Sie noch zu ihm!"
„Ich muss zu ihm halten", sage ich, „Ich bin behindert und auf seine Hilfe angewiesen"! Das war nur ein kleiner Spaß! Doch dieser kleine Spaß ist der Ernst meines Lebens! Oft verdrehe ich mich und bin nicht mehr Ich! Ich passe mich an, um die Laune meines Mannes nicht zu gefährden.
Oft bin ich in der Wirbelsäule verdreht!

„Dein Unterstützungsbedürfnis engt dich ein! Sei dir selbst genug!", ist die psychologische Botschaft von Rhus toxicodendron nach Antonie Peppler.

Es sind auch die Kinder, die lange im Laufstall waren, die Rhus toxicodendron brauchen.

Und es bin ich, die Frau, die lange im Rollstuhl sitzt, die Rhus toxicodendron braucht!

Zu lange eingeengt!

Verdreht und eingeengt fühle ich mich, nicht nur körperlich! Nach meinem Schlaganfall war ich zur Reha in zwei verschiedenen Kliniken. Dort wollte man mich rehabilitieren, mir helfen, wieder auf die Beine zukommen. Die Bettgitter an meinem Bett wurden weit nach oben gestellt, dass es mir unmöglich war, zu versuchen aufzustehen! Oder ich wurde in den Rollstuhl gesetzt und in eine Ecke geschoben und die Bremsen festgestellt. Aus der Ecke konnte ich mich nicht allein befreien.

Wenn ich darum bat, sich mit mir hinzustellen und mich fetzuhalten, und ich wollte versuchen zu laufen, war das für die Therapeuten zu viel.

Ich wurde lieber in den Rollstuhl gesetzt und sicher irgendwo abgestellt. Ich wurde eingeengt und festgelegt. „In der Reha wird das besser, da hilft man ihrer Frau wieder in Bewegung zu kommen", versprachen die Ärzte meiner behandelnden Klinik meinem Mann.

Mein Mann verließ sich auf die Aussage studierter Mediziner. Ich wollte, vor allem in der zweiten Rehaklinik die Reha abbrechen, weil ich sah, dass mir nicht geholfen wurde! In der Reha gab es im Keller ein Therapiebad. Ich bat die Therapeuten, mit mir ins

Wasser zu gehen und Laufen zu üben. Einen Badeanzug hatte mir mein Mann mitgebracht. Er lag im Schrank. Die Wassertherapie fand nicht statt, weil es kein Personal gab, die mir den Badeanzug anziehen konnten. Ich fragte warum, andere Kleidungsstücke wurden mir doch auch angezogen! Ich bekam keine Antwort.

Nach der Reha war ich mit meiner Physiotherapeutin gleich im Wasser und konnte sofort laufen!
In den Rehakliniken wurde ich nur sicher abgestellt, aber nicht rehabilitiert!
Man half mir, mich auf die Bettkante zu setzen. Die Therapeuten stellten fest, dass ich im Rumpf instabil war. Anstatt mit mir therapeutische Übungen durchzuführen, legte man mich ins Bett zurück und stellte die Bettgitter hoch. Anstatt mir wieder auf die Beine zu helfen, stellte man mich vollständig ruhig!
„Fühlt sich eingeengt und festgelegt. Möchte fliehen", ist die psychologische Bedeutung von Rhus toxicodendron nach Antonie Peppler.
Nun, nach sechseinhalb Jahren möchte ich immer noch fliehen! Aus dem Rollstuhl! Aus der Fremdbestimmung! Aus der Abhängigkeit!
Manchmal flieht mein Geist in eine

Traumwelt

Nachts in meinen Träumen laufe ich. Ich träume nie, dass ich im Rollstuhl sitze! Ich träume zu laufen!
Und ich glaube, dass Träume wahr werden!
Träume sind Botschaften aus unserem Unterbewusstsein.

Mein Unterbewusstsein ist bereit! Ich kann laufen! Ganz von allein geht es zum Beispiel im Wasser.
Nur mein Bewusstsein meint, nicht laufen zu können. So wurde es programmiert!
„Sie hatten einen Schlaganfall sind halbseitig gelähmt. Sie können nicht laufen", das sagte man mir! Und mein Bewusstsein glaubte es!
Aber mein Unterbewusstsein hat Laufen abgespeichert! Im Traum laufe ich! Im Wasser laufe ich ganz einfach! Automatisch kann ich laufen! Es ist in meinem Unterbewusstsein abgespeichert!

Falsch programmiert

Nur mein Bewusstsein wurde falsch programmiert. Von Anfang an redete man mir in der Reha ein, dass ich nicht laufen kann! Eine gute Reha war das! Sie hat etwas bewirkt!
Und man war damit sehr erfolgreich! Mein Bewusstsein glaubt es! Nun kann ich schon seit sechseinhalb Jahren nicht laufen! Ein Sprichwort sagt: „Glaube kann Berge versetzen!" Das stimmt. Es ist so, als hat sich ein Berg vor mir aufgebaut, um den oder über den ich nicht kommen kann, um wieder zu laufen!
Ist der Berg die Programmierung, die jetzt Glaubenssätze in mir wurden und mich festhalten?
Glaube versetzt Berge! Ja, auch negative Glaubenssätze, die uns einschränken, versetzen Berge! Im Sinne der Einschränkung!

Fest in Gott geborgen

Je mehr wir uns Gott zuwenden und uns in Gott sicher geborgen fühlen, um so mehr versucht die Dunkelheit, uns davon abzuhalten.

„Du glaubst an Gott. Warum kannst du da immer noch nicht wieder laufen?", werden manche sagen. Manch einer wäre in meiner Situation verzweifelt und hätte den Glaube an Gott aufgegeben.

Mein Glaube an Gott ist auf meinen Heilweg fester geworden. Ich bin fest geborgen in Gott!

Und:

Fest in meinem Glauben

Ich glaube, dass ich in Gott geborgen bin!

Ich glaube, dass ich wieder laufen werde!

Obwohl ich schon sechseinhalb Jahre halbseitig gelähmt im Rollstuhl sitze!

Ich glaube an Wunder!

Zeit der Prüfung

Aus der Akasha-Chronik durfte ich erfahren, dass mein Heilweg für mich gleichzeitig eine Zeit der Prüfung ist! Die Dunkelheit zieht an mir und führt mich in Versuchung! Ich könnte verzweifeln. Ich könnte meinen Glauben an Gott aufgeben.

Doch ich glaube stärker an Gott, als je zuvor in meinem Leben!

Jeden Tag, an dem ich das Licht sehe, und der Versuchung der Dunkelheit widerstehe, bestehe ich einen weiteren Teil meiner Prüfung! Das sagte mir die Akasha-Chronik.

Vor dreißig Jahren lebte ich in der ersten Ehe mit meinem Seelenpartner. Ich war fest verbunden in dieser Seelenliebe. Doch dann im höchsten Licht meiner Seelenliebe kam die Dunkelheit und brachte mir eine karmische Beziehung, die noch nach Erlösung rief! Ich konnte der Versuchung der Dunkelheit in diesem Fall nicht widerstehen. Ich ließ mich auf die karmische Versuchung ein.
Aus der Akasha-Chronik weiß ich heute:

Es gibt nur einen Erlöser

Wir erlösen als Mensch nichts und niemand.
Es gibt nur einen Erlöser! Und das ist Christus!
Wer meint als Mensch erlösen zu können und zu müssen, steckt im Ego und ist der Dunkelheit auf den Leim gegangen!
Vor dreißig Jahren glaubte ich, ich müsse etwas erlösen! Heute weiß ich, dass ich das gar nicht kann!
Vor dreißig Jahren habe ich meine Seelenliebe aufgegeben und meinen Seelenpartner verletzt!
Das Ego hatte gesiegt und ich bin in die Dunkelheit gegangen! Diese Prüfung habe ich nicht bestanden!

Wieder zur Liebe gekommen

Doch vor sechseinhalb Jahren leitete mein Schlaganfall meine Heilung ein!
Und mit Gottes Segen begann mein neues Leben! Ich bin wieder zur Liebe gekommen! Was ich vor dreißig Jahren zerstörte, bereue ich sehr!
„Wer ehrlichen Herzens bereut ist in wahrhaftiger Liebe!", sagt mir die Akasha-Chronik.

Meine Tageskarte heute ist Liebe!

Und immer mehr wird mir klar, wieso ich erst den Zugang zur Akasha-Chronik erhielt, bevor ich wieder laufen kann!

Ich bin wieder zur Liebe gekommen!

Gestern Nachmittag fuhr ich am Radweg im Sonnenschein spazieren. In mir wirkte die homöopathische Arznei Schmetterlinge. Am Wegesrand flogen viele Schmetterlinge! Über den Weg krabbelte langsam eine Raupe. Ich fuhr einen Schlenker, um sie nicht zu überrollen. Ich habe die Botschaft begriffen: Da will sich was entpuppen, auch in mir!?

Ich fühle Liebe! Zu der kleinen Raupe! Und zu allem, was ist.

Empfangen

Die Sonnenblume empfängt das Licht der Sonne, dann öffnet sie ihre Blüte.

Ich nehme Helianthus annuus. Ich empfange Gottes Licht, Liebe und Segen und öffne mein Herz!

Mit offenem Herzen

Bewusst empfange ich Gottes Segen, um mit offenem Herzen bewusst zu gehen!

Ich möchte seit meinem Schlaganfall zu meinem Exmann, um ein klärendes Gespräch zu führen. Ich möchte ihm sagen, dass es mir Leid tut, das ich ihm so wehtat!

Mein Mann fährt mich zu ihm, wenn ich seine Bedingung erfülle. Er stellt die Bedingung:

„Wenn du laufen kannst!"

Gott hat mir den Zutritt zur Akasha-Chronik geschenkt! Dafür muss ich körperlich nicht laufen!

Hier kennt mein offenes Herz den Weg, den ich bewusst, in Liebe, mit bewusstem Geist gehe.

Gott stellt keine Bedingungen. Die hohen Geschenke Gottes bekomme ich, ohne dafür Leistungen zu erbringen.

Heilung aus dem Akasha-Feld

Ich wende mich an Gott und sage ihm, dass ich gern meine Seelenliebe klären möchte, aber keine Gelegenheit habe, zu meinem ersten Mann, meinem Seelenpartner Kontakt herzustellen.

Eigentlich muss ich Gott nichts sagen! Gott kennt meinen Schmerz!

„Der Schmerz ist, weil Du liebst", sagt Gott.

Dann öffnet sich wieder die Akasha-Chronik. Dieses Mal ist es eine große Kraft, in die ich eintrete!

„Du bist im Akasha-Feld!", höre ich Gottes Stimme, „empfange deine Heilung!"

Die Seele meines Seelenpartners ist bei mir. Ich sehe die Leben, die wir schon gemeinsam hatten. Ich sehe dieses Leben.

Ich sehe unsere Ehe, unsere Scheidung!

Und dann sehe ich das Jetzt! Wir sind eine Seele, eine Liebe!

„Ihr seid nicht getrennt! Ihr seid eine Liebe!", sagt Gott.

Ich begreife: Eine Liebe kann nicht getrennt werden, auch nicht durch eine Scheidung, die Menschen auf der Erde in einem Gerichtssaal vollziehen!

Im Akasha-Feld gibt es diese Seelenliebe in Ewigkeit!
Hier gibt es keine zeitliche oder irdische Begrenzung!
Ich sehe diese Liebe im Akasha-Feld, fühle mich von ihr durchflutet!
Kein Schmerz mehr! Da ist nur noch Liebe! Ich muss nicht mehr unbedingt zu meinem Exmann! Die Klärung fand statt, im Akasha-Feld!
Gott lächelt und segnet mich und meine Liebe!
Ich bekam Heilung aus dem Akasha-Feld.
Ich begreife:

Der Plan meiner Seele ist ein anderer

Mein persönlicher Wunsch als Mensch ist, dass ich wieder laufen kann. Ich möchte allein zur Toilette gehen! Ich möchte mich wieder unabhängig bewegen können! Jeder Mensch wird das verstehen!
Doch der Plan meiner Seele ist ein anderer!
Anstatt auf meinen Füßen zur Toilette zu gehen, gehe ich im Geist in die Akasha-Chronik! Ich folge dem Plan meiner Seele! Und heile!
Der zunehmende Mond ist im Sternzeichen Fische. Körperlich sind Fische mit den Füßen in Verbindung. Geistig stehen Fische für Spiritualität!
Ich ging diesen Lebensweg für meine Seele, um die zu werden, die ich geworden bin!
Ich durfte spirituell reifen und wachsen!
Ich habe den Spirit in mir gefunden!
Ich bin angekommen! Zu Hause! Danke, großer Gott! Du hast meinen Heilweg gesegnet!

Erlösende Christusenergie

Die karmische Seelenabsprache wurde vor diesem Leben von meiner Seele getroffen. Ich wollte durch meine zweite Heirat einer verlorenen Seele aus der Dunkelheit wieder ins Licht verhelfen!
Dabei war mir nicht klar, dass ich mich auf Dämonen einlassen werde!
Nun sitze ich im Rollstuhl und komme nicht mehr auf meine Beine. Dämonen aus der Familie, in die ich geheiratet habe, hindern mich!
Ich schaffe es nicht, mein karmisches Versprechen einzuhalten! Da hat sich meine Seele Großes vorgenommen! Dafür ist meine Seele zu klein!
Ich wollte einen Menschen aus der Dunkelheit ins Licht befreien! Dabei wurde ich selbst von den dämoischen Kräften besetzt! Ich bin kein Erlöser!
Doch zum Glück kenne ich den Erlöser! Ich sehe aus meinem Bett vor mir zu einem Bild von Jesus Christus. Jesus Christus lächelt!
Hier bin ich richtig. Ich wende mich an Christus und fühle, wie die Christusenergie mich durchströmt!
Dann fühle ich eine tiefe Befreiung, als würden Ketten aufspringen, in die ich gelegt war!
Dämonen halten die Christusenergie nicht aus!
Wo Christusenergie ist, gehen Dämonen!
Ich danke der erlösenden Christusenergie!

Schlusswort

Die Rune Raidho begleitet mich. Raidho bedeutet Reise. Wir treten eine Reise an und kommen anders von der Reise zurück.

Ich bin nach meinem Schlaganfall meine Reise im Rollstuhl angetreten.

Diese Reise hat mich verändert! Ich bin eine andere geworden. Ich bin längst nicht mehr die, die ich war, als mein Schlaganfall die Heilung einleitete.

Im Sitzen wurde ich klein und blickte auf, nach oben! Über mir entdeckte ich den schützenden Himmel. Ich entdeckte Gott und Christus. Ich sah nicht mehr auf meinen Beinen stehend, nach unten, ins Leben! Ich ging selbst ins Tal des Lebens und wurde mir bewusst, in welcher Größe ich leben darf, ohne selbst die Größe zu sein.

Aus dem Tal in der Dunkelheit fand ich das Licht! Im Tal der Dunkelheit erkannte ich im Licht göttliche Liebe!

Meine Tageskarte heute ist die Vollendung!

Die Rollstuhlreise hat mich verändert! Als ich körperlich nicht mehr laufen konnte, reiste mein Geist in vorher ungeahnte Weiten zum Licht! Danke!

Bewusstes Gehen lernte ich, als ich nicht mehr gehen konnte!

Die Zeit im Rollstuhl war mein Bewusstseinswandel! Dieser darf jetzt vollendet sein! Meine Tageskarte ist die Vollendung! Dieses Buch ist nun vollendet!

Erst wenn etwas vollendet ist, kann etwas Neues beginnen! Ein neues Kapitel wird nun in meinem

Leben aufgeschlagen! Werde ich darin laufen? Oder nicht? Es wird so sein, wie es richtig ist!

Dieses Buch „Bewusst gehen" ist nun beendet! Ein neues Buch wird beginnen!

„Bewusstseinswandel durch eine Lebensreise als Behinderte"!

Ich bin behindert! Aber bewusst im Sein! Ein Bewusstseinswandel begann, als mein Leben mit Behinderung begann!

Bewusstseinswandel findet nicht im Außen statt! Sondern **in unserem Bewusstsein!**

Quellen:

Hans Stolp, Michael Erzengel der neuen Zeit

Antonie Peppler, Die psychologische Bedeutung homöopathischer Arzneien Band 1 und Band 2

Weitere Veröffentlichungen von Martina Herbig

Gedankensprünge
ISBN: 978-3-7322-9849-5

Das Butterblümchen
ISBN: 978-3-7357-8480-3

Menschsein Sterben/Trauern/Leben
ISBN: 978-3-7347-9390-5

Spirituell sind die Anderen
ISBN: 978-3-7392-1855-7

Pilgerreise durch die Seelengärten
ISBN: 978-3-7392-3583-7

Wolkenbilder
ISBN: 978-3-8423-5607-8

Das zwölfte Kapitel
ISBN: 978-3-7431-0121-0

Der Himmel ist nah
ISBN 978-3-7568-8803-0

Wer mich kennen lernen möchte, darf mich auch auf meinem YouTube Kanal „Martina Herbig" besuchen.